일에 대한
모든 수다

일에 대한 모든 수다

초판 1쇄 발행 2019년 3월 28일

지은이 박정민, 이혜진
펴낸이 장길수
펴낸곳 지식과감성#
출판등록 제2012-000081호

디자인 남효은
편집 이현
교정 김연화
마케팅 고은빛

주소 서울시 금천구 가산동 벚꽃로 298 대륭포스트 6차 1212호
전화 070-4651-3730~4
팩스 070-4325-7006
이메일 ksbookup@naver.com
홈페이지 www.knsbookup.com

ISBN 979-11-6275-538-9(04180)
값 12,000원

ⓒ 박정민, 이혜진 2019 Printed in Korea

잘못된 책은 구입하신 곳에서 바꾸어 드립니다.
이 책의 전부 또는 일부 내용을 재사용하려면 사전에 저작권자와 펴낸곳의 동의를 받아야 합니다.

이 도서의 국립중앙도서관 출판예정도서목록(CIP)은 서지정보유통지원시스템
홈페이지(http://seoji.nl.go.kr)와 국가자료공동목록시스템(http://www.nl.go.kr/kolisnet)에서
이용하실 수 있습니다. (CIP제어번호 : CIP2019010522)

홈페이지 바로가기

1 COZY SUDA x ITSELFCOMPANY
수다시리즈

상담심리학자와 함께하는

일에 대한 모든 수다

For Millennials & Generation Z

박정민 · 이혜진 지음

지금 하고 있는 일을 앞으로도 계속할 수 있을까?
나는 늙을 때까지 일해서 돈 벌어야 살 수 있는데, 가능할까?
여기 계속 있으면 나도 저 선배같이 될 것 같아. 어떡하지?
매일 지적만 받는 나. 무능한 건가?

지식과감정#

저자 서문 1, 2

Many Thanks to CALVIN.

더욱 건강하고 행복한 일의 삶을
만들어 가고 싶은 분들에게
이 책을 선물합니다.

2019년 봄.
같은 하늘 아래.

박정민 드림.

지금은 2019년이 시작된 어느 날의 수요일, 오후 7시 7분.
나는 지금 홍대입구역 2번 출구 인근 서점에 자리 잡았다.

지하에 위치한 서점은 따뜻한 금색 불빛이 가득하고
잔잔한 라이브 음악까지 달달하게 흘러나온다.

지금 여기서 내 눈에 보이는 사람들의 얼굴을
잠시 바라본다.
카페 책상에 한쪽으로 엎드려 진지한 표정으로 스마트폰을 보고 있는 20대 후반으로 보이는 여성.
표정 없이 고개를 푹 숙이고 음식만 바라보며
핫도그로 저녁 식사 중인 30대 중반으로 보이는 여성.
귀에 이어폰을 끼고 스마트폰에 코를 대고 무엇인가를 골똘하게 보고 있는
20대 중반으로 보이는 여성.
자기계발 섹션에서 이 책 저 책 펼쳐 보는 중인
30대 초반으로 보이는 여성.

이 사람들의 마음속엔 지금 어떤 것들이 자리 잡고 있을까?
지금 마음은 어떨까?

상담심리사로서 살고 있는 나의 궁금증이고
내가 하는 일의 대주제이면서
이 책의 주제이다.

"일하는 마음에 대해 이야기하는 것"

나는 나의 일을 사랑하는 사람이다.

일에 대해 이야기하고
일에 대해 생각하는 것을

참 좋아하는 사람이다.

심지어 이 책을 쓰자고 권유해 주신 저자 박정민 대표님은
처음으로 입사했던 HR컨설팅기업에서 상무님이셨던
나의 '첫' 상사이다.

일로 만난 인연이 나에 대한 많은 것을 설명한다.
나의 인생파트너인 남편도
회사에서 만나 결혼했으니까.

이 책은
박정민 대표님과 함께 일하면서 성장했던
마음을 담아,
상담심리사로서 일하면서 느꼈던

마음을 담아
밀레니얼 세대로서 한국의 조직에서 일하면서 느꼈던
마음을 담아
그야말로 나의 의식의 흐름대로 풀어놓은 글이다.

이 책의 [마음] 파트에서 소개된 이야기는
실제로 작년 11월,
일에 대해 고민을 털어놓았던 그룹코칭 세션
(feat.『수다다방』시즌2)에서 나누었던 이야기를
개개인의 동의를 받은 후,
최대한 개인의 정보가 공개되지 않는 선에서
일하는 우리가 가진 고민에 대해 담은 내용이다.
『수다다방』시즌2에 참가했던 20~30대
한국에서 일하고 있는 Z세대~밀레니얼 세대로서 갖고 있던
'진짜' 고민을 있는 그대로 담고자 노력했다.

그리고 [수다] 파트에서는
『수다다방』에서 나눴던 우리들의 고민이 의미하는
본질은 무엇일까? 에 대해 성찰한 내용이다.

이 책을 읽는 분들이
스스로 성찰해 보고 성장하는 데 자그마한 도움이 될 수 있도록
상담심리학자로서의 느낌을
함께 '대화'를 나누는 느낌으로 전하고 싶었다.
이 책에서는 심리학 지식이나 이론을 전하려는 의도는
빼려고 노력했다.

이 책을 쓴 진짜 목적은
일하는 장면에서 나타나는 갖가지 부정정서를
어떻게 바라보고 어떻게 다룰 것인가?에 대한 생각의 흐름을
조금이라도 긍정적이고 생산적인 방향으로 데려가기 위하여
우리의 일하는 마음이 조금이라도 편안해지도록 돕는 연습을 함께하려는
것이다.

해답은 없다.
그저 우리의 마음속에서 들려오는 이야기를 들어보고
그 마음의 소리에 대해 느끼는 나의 마음을 전하고 싶었다.

결국 우리 스스로가
우리 스스로의 마음을 가장 잘 알기에

답은 내 안에 있기에

내 안의 답을 찾아가는 과정에서
조그마한 촉진의 시간이 될 수 있다면

그것으로 나는 만족한다.

내 마음이 이상할 때
그것은 내가 이상한 게 아니고

그럴만한 이유가 있는 것이다.

그 마음을 알아주는 우리가 되길.
그 마음의 소리를 들을 줄 아는 우리가 되길.
내 마음과 조금씩 조금씩 친해지는 그대가 되길.

2019년 봄.
이혜진 드림.

| 목 | 차 |

 Ⅰ 불안한 나

지금 하고 있는 일을 앞으로도 계속할 수 있을까?	014
나는 왜 한 가지 일을 진득하게 하지 못할까?	019
나는 정말 형편없는 인간인 것 같아서 불안해	024
나는 늙을 때까지 일해서 돈 벌어야 살 수 있는데, 가능할까?	029
빨리 뭔가를 이뤄내야 하는데, 조급해지기만 해	033
늘 200%로 달려온 나, 괜찮은 걸까?	041
저 사람은 나를 어떻게 생각할까?	046
일터에서 피해의식만 커져가는 못난 나, 이 일을 계속할 수 있을까?	051
내가 이 일을 할 자격이 있나?	055
다른 사람들이 너무 부러워	059
매일 지적만 받는 나, 무능한 건가?	063
여기 계속 있으면 나도 저 선배같이 될 것 같아, 어떡하지?	068

 Ⅱ 혼란스러운 나

○○○○의 권유로 시작하게 된 일, 계속해도 될까?	074
잘 산다는 건 도대체 어떤 걸까?	079
있어 보이는 일을 해야 하는 건가?	084
상사와 철학과 내 철학이 다른데, 어떻게 해야 하지?	089
회사에서 나는 그냥 하찮은 볼트와 너트같이 느껴져	095
나는 일하면서 이런 걸 배우고 싶었는데, 생각했던 것과 달라	102

나한테는 충분히 의미 있는 일인데, 주위에서는 "어서 돈 벌어야지"라고 말해	109
평생 할 일을 한 가지만 정해야 하는 걸까?	114
나는 왜 이렇게까지 일하면서 스트레스를 받을까?	119
혹시 이런 나 번아웃증후군(소진증후군)이 아닐까?	125
한 우물만 파야 성공하는 것일까?	132
인정받지 못하면 일할 맛이 사라져	137
나도 저렇게 따라가야 하나? 흔들려	142
좋아하는 일을 해야 하나, 잘하는 일을 해야 하나	146
직장 상사 때문에 혼란스러워	152

Ⅲ 화가 나는 나

나는 이 일을 왜 해야 하는지 납득이 안 된다고	160
젊은 사람이 왜 패기와 도전 의식이 없냐는 말 듣기 싫어	165
젊은 애가 뭐 그렇게 돈을 밝히냐고 한다, 에휴휴	170
같이 일을 하고 있으니 알 거 아냐, 그걸 다 일일이 설명해야 하나?	175
나이가 어리다고 무시당하지 않으려면 강하게 나가야 돼	181
일을 잘한다는 거는 도대체 뭘 말하는 거지?	187
하기 싫은 일을 해야 해서 화가 나	194
회사와 내가 하나였던 나, 내가 왜 그랬을까?	198
계획이 행동으로 안 이루어지는 내가 답답해	202
결정을 내리지 못하는 내가 싫어	208
상사가 상사 역할을 못해서 화가 나	213
이것밖에 안 되는 나, 용납이 안 돼	218
나는 약해 빠진 내가 싫어	223

I
불안한 나

지금 하고 있는 일을 앞으로도 계속할 수 있을까?

[마음]

신문기사를 봐도 뉴스를 봐도 드라마니 예능프로를 봐도
10년 전, 5년 전에는 상상도 할 수 없었던 일들이 벌어져.
평소에는 그냥 무심하게 지나가다가도
어떤 때 잠깐 뒤돌아보면 깜짝깜짝 놀라곤 해.
얼마 전만 해도 그런 건 생각도 하지 못했었는데 하고 말이야.
나를 먹여 살리고 있는, 내 가족의 생존과 삶의 질에
엄청난 영향을 미치고 있는 일에 대해서도
급격한 변화가 일어날 것은 너무나 뻔한 일인데.
정작 나는 뭔가를 하고 있지 않은 것은 아닌가 걱정이 돼.
10년 후에 없어질 직업들이 엄청나게 많다고 하던데.
거기다가 우리 회사가 언제까지 버텨줄 것인지
보장할 수 있는 사람은 아무도 없을 거야.
내가 지금 하고 있는 이 일을 얼마나 오래 할 수 있을까?
사람 수명은 날로 길어만 간다던데.
내가 하고 있는 일이 나의 생존을 언제까지 보장해 줄까?
언젠가 갑자기 "너는 이제 이 사회에서 쓸모없어졌어"라는
말을 듣게 되는 건 아닐까?

하루하루 열심히 살아 왔는데,
엄청 노력해서 하루하루 버텨나가고 있는데,
그것만으로는 충분치 않으면 어쩌지?
나도 지금 바보같이 현재 하고 있는 일에만
충실할 때가 아니라, 빠르게 변화되는 세상에서 필요한
새로운 일을 배우는 일에 눈을 돌려야 하는 건 아닐까?

[수다]

그렇죠, 정말.
나만 한 자리에 정체되어 머물러 있는 것 같고,
남들은 도대체 어떻게 하는지 모르겠지만
앞으로 성큼성큼 나가버려서
나만 사람들 뒤통수를 쳐다보고
주저앉아 있는 것 같은 기분이 들 때.
말로 형용할 수 없는 불안감이 몽글몽글 피어오를 때.
너무너무 답답하고 갑갑하고
불안하고 무서워져서
누군가 이런 불편감을 깨뜨려 줄 수 있는
정답을 알려주면 얼마나 좋을까 하는 생각이 들 거예요.

다른 사람들은 이렇게 쓸모없는 불안감 따위는 경험하지 않고,
씩씩하고 용감하게
새로운 길을 개척해 나가고 있는 듯이 보이겠지만,
그럴 리가 있겠어요?
이 세상을 살고 있는 모든 사람들에게

순간순간 닥쳐오는 똑같은 무서움이라 생각해요.
어떻게 삶을 살아갈 것인가에 대해

우리가 하루하루를 살아가는 데 있어서
느껴지는 불안감의 종류는 정말 많지만,
그중에서도
'언제까지 이 일을 계속할 수 있을까'에 대한 불안감은
정말 정말 크게 크게 느껴지는 공포죠.

내가 이 세상에서의 쓸모를 인정받고,
나와 내 가족의 생존을 책임질 수 있다는 것을
증명해 주는 도구가 '일'이니까
그렇게 큰 무서움을 느끼는 것은 당연할 거예요.

예전에 진로에 대해 이야기하는 집단 상담 프로그램에서는
10년 후의 내 모습, 30년 후의 내 모습을 그려 보게 했지만,
요새의 사회에 더 맞는 프로그램은
다음 해에 내가 뭘 할 것인가를 계획하는 것이라고 해요.
그만큼 앞으로의 세상을
명확하게 예측한다는 것이 어려운 상황이니까요.

"아이, 씨. 그러면 어떡하라는 거야"
라는 말이 절로 나오죠. ㅠㅠ

자, 우선 이럴 때 어떻게 해야 하는지에 대한
단 하나의 정답을 찾기란
불가능하다는 것을 화끈하게 인정합시다.
어차피 안 되는 일 가지고 징징대며 매달려봤자

속만 상하고 진만 빠지지,
뭐가 나오겠어요.

다만, 내가 지금 할 수 있는 것이 무엇인지에 대해
초점을 맞추는 것은 가능하지 않을까요?
지금의 일을 하는 데 있어서
조금 더 배우고 성장할 수 있는 것,
일을 통해 만들어 내는 결과물의 퀄리티를 높이는 것,

내가 일하고 있는 현장에서
만나는 사람들과 깊이 있는 관계를 만들어 내는 것.
이런 것들이 현재 내가 할 수 있는 일일 거예요.

그렇게 현재의 삶을 충실하게 살 때
(그 형태는 어떨지 모르겠지만),
앞으로 다가오게 될 새로운 사회에서도
적응할 수 있는 힘을 얻게 되리라 생각해요.

'현재'에 충분한 시간과 에너지를 들이지 않으면서,
'미래'에 대한 불안감으로
계속 두리번대며 발을 동동거리는 사람이
얻을 수 있는 건 아무것도 없을 것 같거든요.

아무리 앞으로 올 세상이
상상하지 못할 일들이 일어나는 곳이 될 거라 해도,
지금의 세상과 연결고리가 없을 리가 있겠어요?

현재의 세상에서 얻을 수 있는 자원과 역량을 충분히 갖추고
준비하고 있는 사람만이,
처음 보는 세상에서 살아갈 길을
만들어 낼 수 있을 거예요.

지금 내가 할 수 있는 일을 정성껏 또박또박하게 하는 것.
내가 원하는 삶을 살기 위해
현재 상황에서 내가 얻을 수 있는 것을
모두 얻고 있는지를 보는 것이
중요하다고 생각 해요.
나중에 오늘의 시간을 뒤돌아보았을 때,
"그때 정말 시간을 헛되이 보냈었지"라는
말을 하지 않게 말이에요.

50년을 살든, 100년을 살든,
지금의 순간은 내 삶에 있어서
특별한 의미가 있는 소중한 시간이 아닐까요.

한 발짝 한 발짝을 정성껏
또박또박 내딛는 과정을 통해,
아직 오지 않은,
어떻게 생겼는지 몰라서 무서운 미래에 대해서도
준비할 수 있는 역량과 힘이 생길 거라 확신합니다.

나는 왜 한 가지 일을 진득하게 하지 못할까?

[마음]

부모님도 그러시고, 친구들도 그러고,
심지어 처음 본 면접관도 그러더라.
왜 그렇게 일을 자꾸 바꾸냐고.
직장도 자주 바뀌고,
어떤 때는 하는 일 자체가 바뀌기도 하고.
나도 내가 왜 이러는지 모르겠어.
언젠가 TV에서 자신의 인생 그래프를 그려 보면 좋다고 해서
한번 그려 봤는데.
와, 진짜 장난 아니더라.
한 곳에서 쭉 이어진 선이 별로 없더라구.
여기저기 쑤시고 다니고.
조금 있다가 답답하고 불편한 마음이 들면
또 옮기고 싶어져서 다른 곳으로 눈을 돌리고.
뭐, 어떻게 생각하면 요즘 같은 세상에서
평생직장이라는 것이 있을 리도 만무하고,
더 좋은 곳이 보이면 옮기는 사람이 더 똑똑한 거지.
이게 아닌데 이게 아닌데 하면서도

옮길 용기가 없어서 툴툴대면서
국으로 참고 있는 게 잘하는 거겠어?
하지만, 하지만 말야.
내가 하고 있는 게 맞는지는 걱정돼.
이렇게 살아도 되는 걸까?
혹시 무엇인가가 크게 잘못된 것은 아닐까?

[수다]

이런 생각이 들었어요.
나를 위해 가장 좋은 길을 찾아주고 싶은 마음은
정말 가치 있는 거 아닌가 하구요.
어떻게 사는 것이 가장 의미 있는 삶일까에 대해
진지하게 생각하는 분에게
큰 소리로 응원도 하고 싶었습니다.
그래도 한 가지 일을,
적어도 많은 사람들이 한 가지 분야에서의 일을
오랫동안 하면서 사는 모습과는
조금 다른 모습으로 살고 있는 것 같은 나에게
걱정이 되는 것은 당연한 일일 거예요.
그렇다면 같이 한번 수다 떨면서 생각해 보도록 하죠.

우리가 하는 행동에
이유가 없는 것은 하나도 없다고 하죠.
아까 나의 인생 그래프를 그려 보셨다고 했는데,
진짜 좋은 것 같아요.

이걸 한번 같이 들여다봐요.
내가 하고 있는 일을 그만두고
새 일을 찾아야겠다는 생각이 들었던 때를
표시해 보는 거예요.
그리고 그 변화의 시기에 나에게 찾아왔던
생각과 감정들이 어떤 것이었는지
한번 떠올려 보세요.
종이 위에든, 모니터 화면에든,
글로 만들어서 적어보면 더 좋아요.
"도대체 여긴 어디지? 나는 누구지?
여기서 나는 도대체 뭘 하고 있는 거지?"
"이렇게 의미 없는 일을 하고 있을 필요는 없어."
"인정받지도 못하는, 가치 없는 일을 왜 해야 한단 말이야."
내가 그때마다 느꼈을 불편감은 여러 가지였을 거예요.
일 자체가 불편했을 수도 있고,
사람들이 힘들었을 수도 있고,
일을 하는 환경이 버티기 힘들었을 수도 있고요.
일을 통한 미래가 보이지 않았을 수도 있겠지요.

직장을 바꾸거나, 직업을 바꾸는 행동 자체가
문제가 되는 것은 아니라고 생각해요.
요새와 같이 변화가 많은 세상에서,
한 직장에 오래 있는 것만이
그 사람의 성실도를 보여준다는 말도
더 이상 유효한 말은 아니지요.

하나의 직장 내에서 승진을 하는 것,
관리자로서 승진을 하기보다는 한 분야의 내용 전문가로서
깊이를 쌓아가는 것도 의미가 있는 것이고,
여러 직장으로 옮기면서 내 가치를 테스트해 보고
높여가는 것도 의미가 있으니까요.

하지만, 그 빈도가 너무 잦거나,
그렇게 바꾸는 행동 자체가
나에게 걱정이 되고 불안해진다면,
내가 느꼈던 불편감의 내용들을
한번 들여다볼 필요가 있을 것 같아요.
혹시 반복되는 내용이 있지는 않았을까요?
상담과 코칭을 통해 만났던 클라이언트 분들 중에서는
이와 비슷한 고민을 하고 있는 경우,
본인이 원하는 바가 명확히 정리되지 않은 상황에서
막연하고 모호한 불편감을 피하기 위해
일을 바꾸는 행동을 반복하는 분들이 계셨거든요.

'일'이라는 것이 '나'라는 존재를 대표하는 것이 아니고,
'일'이 내 삶의 전부가 아니라는 말을 들어보셨을 거예요.
하지만 '일'은 내가 삶을 통해 표현하고 싶었던
의미와 가치를 펼쳐놓을 수 있게 해 주는
창구인 것이 분명하지요.

그 창구에서 내가 시간과 에너지를 투자해서
나를 발전시키고 성장시킬 수 있는 기회를
충분히 주는 것 자체도
나를 정말 소중하게 여기는 일이라고 생각해요.

그렇다면 이번에는 일을 통해 내가 원하는 것이 무엇인지를
생각해 봐야 할 때겠지요?

이제부터는 불편감을 해소하기 위해
환경을 바꾸는 일을 넘어서서,
내가 원하는 환경을 나에게 만들어 줄 수 있는 곳을
보다 주도적으로 찾는 행동도 필요할 거라 생각해요.
내가 일을 통해 만들어 가고 싶은
'나의 모습'은 어떤 것인지를
내가 나에게 직접 설명할 수 있다면,
그리고 한 가지 일을 하는 동안,
하나의 분야에 있는 동안,
한 직장에 있는 동안,
그 모습을 만들기 위해
내가 할 수 있는 일이 무엇인지에 집중한다면,
의미 없고 불편하기만 한
직업 쇼핑과 직장 쇼핑은
더 이상 하지 않아도 될 거라 생각합니다.

그때가 되면,
내가 하는 변화의 행동은
다 이유가 있고 쓸모가 있고
나에게 도움이 되는 행동이니까
더 이상 걱정은 하지 않아도 되겠지요?^^

나는 정말 형편없는 인간인 것 같아서 불안해

[마음]

나는 왜 이렇게 내가 못마땅한 걸까?
주위 사람들을 보면,
너무나 똑똑하고 씩씩하게 잘 살고 있던데.
솔직히 나만큼 어려운 일이 없는 사람이 어디 있겠어?
나름대로 자신의 자리에서
힘들게 살고 있겠지.
그런데도 나를 만나면
항상 생글생글 웃어주고,
나한테 좋은 말도 해주고,
열심히 살려고 애쓰고 있다는 말을 하는
친구들을 볼 때마다,
나는 정말 한심하다는 생각이 들어서 기운이 빠져.
솔직히 말해서 지금 다니는 회사 그만두고 싶어.
그런데, 그런 나의 마음을
주위 사람들에게 말을 못 하겠어.
지금같이 일 구하기 힘든 세상에,
그거 하나 못 버티고 나오냐고 할 것 같아서.

왜 저래~ 하는 눈초리로 볼 것 같아서.
나는 정말
능력도 없고 유약한데다가
인내심도 부족한 인간인가.
아이 씨.
이러면 정말 뭐 하나 쓸데가 없는 존재잖아!

[수다]

언젠가 십대 나이에
가수로 데뷔한 분이
TV 토크쇼에서 이야기하는 것을 들은 적이 있는데요.
부모님한테 자퇴계획서를 제출했다고 하더라고요.
본인이 하고 싶은 일은 어떤 것인지,
현재 고등학교를 계속 다니는 것이
왜 의미가 없다고 생각하는지,
자퇴를 한 후에 뭘 어떻게 할 계획인지에 대해서
자세히 적어서요.

고등학교를 자퇴했는데도 성공을 했네!
라는 생각이 아니라,
본인의 인생에 중요한 결정을 하는 데 있어서,
부모님을 설득할 수 있을 만큼
충분히 고민하고 준비했구나!
라는 생각이 들어서
우와~~ 대단해 보이고 부럽기도 하고 그랬습니다.

누군가의 성장을 조력하는 사람으로서의 삶을 살다 보니,
만나게 되는 분들로부터
"이러이러할 때
어떻게 하면 좋을까요?"라는
질문을 받게 되는 경우가 종종 있어요.
"그중에서도 지금 회사를 그만둬야 할까요?
계속 다녀야 할까요?"와 같이,
두 가지 중에 하나를
골라주기를 바라는 분들이 많으신 것 같아요.

개그맨 이휘재의 〈인생극장: 그래 결심했어!〉도 그렇고,
배우 기네스 펠트로의 영화 〈Sliding Doors〉도 그렇고.
어떤 길을 선택하든지,
그 길 나름대로의 좋은 경험과 나쁜 경험
모두가 존재한다는 사실을
우리 모두 알고 있죠.

그럼에도 불구하고,
지금 상황에서의 정답은 무엇일까에 매달리게 되는 것이
사람 마음인 것 같아요.
최대한 실패하게 되는 경우를 피하고 싶으니까요.
너무나 당연하죠, 뭐.

사회생활을 하게 되면서
우리 앞에는 수많은 선택이 놓이게 되죠.
피할 수 있는 것도 물론 있지만,
선택을 하는 행동을 피할 수 없는 경우가

점점 더 많아지는 것 같아요.

문제는, 정답을 어떻게 요령 있게 잘 찾느냐가 아니라,

'판단을 내릴 때까지
내가 얼마나 다양한 시각에서 고민해 보았는지'일 거고,
'전체적인 내 삶을 고려해 보았을 때
어떤 방향으로 가는 것이 더 가치 있겠다고
스스로가 결론을 내렸느냐'일 거고,

'생길 수 있는 결과에 대해
내가 책임을 질 준비가 되어 있는가'일 거라 생각해요.

한 회사를 계속해서 다닌다고 해서 인내심이 많고,
회사를 옮긴다고 해서 인내심이 적다고
누가 이야기할 수 있겠어요.

하나의 판단을 내릴 때 영향을 미치는 요소는,
우리가 셀 수 없이 많은 걸요, 뭐.

그보다는,
아까 앞에서 이야기했던 자퇴계획서 이야기 같이,
나를 사랑하고 아끼는 사람들에게
차분차분 잘 설명해 줄 수 있을 정도로
내가 이 결정을 하는 데에
충분히 준비되어 있나 하는 점을
점검해 보는 것이 가장 중요하다고
말씀드리고 싶어요.

그 사람이 과연 그때 내렸던 결정이
맞는 것이었을까 하는 것은
그 당시에는 알 수 없다고 하잖아요.
한참 시간이 흐른 다음에
평가가 가능하기도 하고,
어떨 때에는 너무 여러 가지 옵션이 있는 거라
맞는지 틀리는지를 이야기할 수 없을 때도 많을 거예요.

다만,
나는 정말 유약해 빠진 인간이야.
하나도 쓸모 있는 데가 없다니까!
인내심도 없고, 능력도 없고
한심하기 짝이 없지! 라고
자꾸 스스로에게 이야기한다면,
나는 내가 말하는 정말 한심한 사람같이 되기 위해
필요한 행동들을 하게 될 거예요.

내 말이 맞다는 것을 증명해야 하니까요.
내가 혹시 나한테
부정적인 예언을 자꾸만 하고 있는 것은 아닌가
뒤돌아보는 것도 권해드리고 싶습니다.

> 나는 늙을 때까지 일해서
> 돈 벌어야 살 수 있는데, 가능할까?

[마음]

사람의 수명이 늘어난다는 말이,
예전보다 훨씬 더 오래 살 수 있다는 말.
수명이 길지 않았던
옛날 사람들은 세상이 좋아져서 받을 수 있는
축복이라고 생각했을 것 같지만. 나한테는 전혀 그렇지 않아.
오히려 무시무시한 두려움과 공포로 다가올 때가 많아.
지금까지 내가 살아온 만큼을 더 사는 것이 아니라,
지금까지 내가 살아온 만큼의 몇 배가 되는 기간 동안
나를 먹여 살려야 한다는 이야기가 되니까 말야.
금수저같이,
어릴 때부터 자기 명의로 된 빌딩도 있고, 땅덩이도 있고,
물려받은 재산도 있어서 딱히 돈 안 벌어도 되는
그런 사람이 나는 아니거든.
이건 자아실현 운운하는 문제가 아냐.
나는 내가 몸 움직여서 땀 흘리고
돈을 벌어야 살아갈 수 있는 사람이니까.
나라에서 주는 연금도 받을 수 있다지만

물가 수준을 봤을 때 연금만 가지고 살 수 있을까?
옛날처럼 부모가 자식한테 기댈 수 있는 상황도 아니고 말야.
나이 들어서 능력도 없어지고 나를 써 주는 사람도 없어서
내 생계를 내가 책임 못 지게 되는 상황이 되면 어떡하지?
문득문득 이런 생각이 들 때마다 너무 무서워.

[수다]

네에.
정말.

저를 포함해서
많은 사람들이 가지고 있는 두려움이에요.

내가 나이 들어서
신체적 능력이나 인지적 능력이나
지금보다 많이 둔해졌을 때,
내가 나를 경제적으로
책임질 수 없는 상태가 되면 어떡할까 하는 거요.

요새 한국사람 평균 수명이
여자는 85.7세,
남자는 82.7세라는데.
와아~ 그러면
도대체 나는 몇 살까지

돈을 벌어야 하는 걸까 하는
생각이 절로 들죠.

예전에는
몇 살 때까지만 딱! 짧고 굵게 일하고,
과감하게 일은 일찍 그만두고 나서
여행도 다니고
일하느라 그동안 못해봤던 것들도
신나게 해 봐야지라고 생각했었는데.
이제는 경제적인 활동을 그만두면
내가 모아둔 돈으로 살 수 있을까 하는
걱정이 많이 되죠. ㅠㅠ

그냥
"그래도 우리는 다 잘 될 거예요"라고
말할 수도 있겠지만,
그건 정말 무책임한 얘기라서
그렇게 말 못하겠고요.

그저, 막연한 두려움과 걱정은
나한테 하등 도움이 안 된다는
이야기는 하고 싶어요. ^^a

내가 걱정하는 것이 있다면,
내가 일어나지 않았으면 하는 것이 있다면,
나를 대비시키기 위해
아주 아주 아주
쬐끄만 것부터

뭔가를 하고,
조금씩 움직여야 한다는 생각을 요새는 해요.

누군가가 천지개벽할 솔루션을 주거나,
나에게 정말 생각지도 않은 멋진 일이 일어날 확률은
그다지 높지 않은 것이 현실이니까요.

살아온 시간보다
살아갈 시간이 더 많이 남은 우리.
어떻게 그 시간 동안
나를 책임지며 잘 살 수 있을까를 생각해 보고,
그에 도움 되는
아주 아주 아주 작은 행동들을
"계속 계속 하고 있기만 한다면"
오늘의 삶에서는
매우 매우 충분하다는 말씀을 드리고 싶어요.

내일이 걱정되어
오늘의 삶을 망치는 것만큼
멍청한 짓은 없다고 하잖아요?^^

내일을 결코 잊지 않고 조금씩 생각하면서도,
과거를 기반으로
오늘을 충실히 살기 위해 애쓰는 것이
아마 YOLO(You Only Live Once)의
본 정신이 아닐까 싶어요.

빨리 뭔가를 이뤄내야 하는데, 조급해지기만 해

[마음]

어떤 분야에서
멋진 일을 하고 있다는 누군가를 소개하는
신문기사나 TV 프로그램을 볼 때마다,
습관적으로 검색해 보는 것이 있어.
'저 사람은 몇 살이지?'
어렸을 때야 그런 사람들이
나보다 훨씬 나이가 많아서
별 생각이 없었지만.
언젠가부터
나이가 많아봤자
나랑 나이 차이도 별로 없고,
나랑 동갑이거나,
심지어는
나보다 나이가 어린 사람들도 있더라고.
그럴 때마다 아무렇지 않은 척하지만,
마음속에서는 부러움에 몸부림을 치지.
지금 나는 뭐하고 있는 거지라는 생각이 들어서

가슴이 답답해.
이렇게 시시하게 살려고 세상에 태어난 게 아니라고.
뭔가 남들보다 빨리
한 방 세게 빵! 하고 터뜨려줘야 하는 거 아닌가?
나만 뒤처지고 있는 건가?
벌써 늦어버린 건가?

[수다]

부럽죠,
부럽죠.

왜 안 부럽겠어요.

저는
"ㅇㅇ하는 사람들 하나도 부럽지 않아요"라는
말을 들어도 고개가 좀 갸웃해지고요.
"누굴 안 부러워하려면 어떻게 해야 해요?"라는 질문을 받아도
마찬가지로 고개가 갸우뚱해져요.
둘 다 인간으로서 가능한 일이 아니라고 생각해요.

절대! 무리, 무리입니다.

부러움이라는 것이
사람이 기본적으로 가지고 있는 감정인걸요.

우리가 세상을 살아가면서
느끼게 되는 감정이 한두 개가 아니고요.

어떤 감정이든지,
기분 좋은 감정이건,
기분 나쁜 감정이건,
다 우리가 생활을 해 나가는 데 있어서
역할을 담당하고 있는 거라서,
"그 감정을 없애버리고 싶어요"라는 소망은
비현실적인 꿈이라고 하죠.
사람이 참 이상한 존재인 것이,
어떤 생각이나 감정을 안 느끼려고
기를 쓰면서 노력을 하면,
그 생각과 감정이
더 머릿속과 가슴속을 파고들어서
더욱 더욱 선명하게 떠오른대요.

그래서, 차라리 그러한 생각과 감정이
떠오르는 것을 인정해 주고
차분하게 바라봐 주면,
감정이 해야 할 역할을 한 후에,
자연스럽게 사라진다고 하죠.

내가 탄 버스에 괴물이 올라탔어!
이제 나는 끝장이야!!
내 인생은 망한 거야!!라고 소리칠 일이 아니라,

'버스에 괴물이 탔구나.
불편하고 무섭기는 한데,
계속 타고 있지는 않을 거야'라고 바라봐 주면,
괴물은 자기가 내릴 정류장에
알아서 내린다는 말도 있어요.

그 괴물을 자꾸 찔러보고 찝쩍대서
자기가 내릴 정류장을 지나치고
나를 계속 따라오게 만드는 것은
나 자신일 때가 많거든요. ^^a

이런 말도 있죠.
"부러워하는 건 지는 거야"라고요.
부러워하는 건 부러워하는 거죠.
갑자기 왜 이기고 지는 프레임이 들어올까요?

저 사람은 저 사람의 삶을 사는 거고,
나는 나의 삶을 사는 건데요.
서로 서로 상대방을 쳐다보고
내가 갖지 못한 면에 대해 부러워하면서
나는 어떤 식으로 살아갈 것인가를
고민하는 것이 우리의 인생이라고 생각해요.

그리고 제가 만나 뵈었던
'일을 잘하고 싶은 분들',

그러니까 이 책을 읽고 계신 분들과
비슷한 분들에게서 관찰할 수 있었던
공통점은
"숨이 찬다"라는 거더라고요.

옆에서 누가 자꾸 쪼고
재촉해서 빨리 달리는 것이 아니라,
스스로에게 자꾸 채찍질을 해서
허겁지겁 뛰느라
숨이 너무 차고,
그러다보니 주위를 둘러보지 못하는
좁은 시야 때문에
주위의 오해를 사는 일까지 생기는 거 있잖아요.

잘해 보겠다는 좋은 의도밖에 없었는데,
원하는 결과도 제대로 안 나오고,
주위의 비난까지 사게 되면
정말 정말 속상하죠. ㅠㅠ

사실 정신없이 뛸 때에는
내가 숨이 찬지 안 찬지를
알기도 어려워요.
주위 사람들이 정기적으로
나에 대한 피드백을 주면 좋겠지만,
현실에서 그런 도움이
항상 보장되기도 어려우니까요.

내가 나를 들여다보는
모니터링 시간을
내 시간표에 정기적으로
넣어 놓으시기를 권하고 싶어요.

내가 너무 빨리 달리려고 하다가
눈앞에 있는 구덩이에
빠지기 직전인 것은 아닌지,
숨을 가쁘게 쉬느라
앞을 제대로 못 보고 있는 것은 아닌지
나를 토닥거리면서
돌아볼 수 있는 시간 말이에요.
자기 돌보기와 관리를 할 수 있는
좋은 습관을 기르는 것은
내가 어디에서 누구와
어떤 일을 할 때에도
큰 도움이 될 거라 확신해요.

그리고,
제가 아끼는 소설 중에
『양과 강철의 숲』을 권해드리고 싶어요.
피아노 조율사들의 이야기예요.

헤엄칠 수 있다고 믿고 뛰어든 수영장에서
발버둥치는 것만 같다고 느끼는 초심자 후배에게,
선배가 해 주는 이야기를,
저는 정말 좋아해요.

"초조해하면 안됩니다. 차근차근, 차근차근입니다."
"차근차근 수비하고
차근차근 히트 앤드 런(hit and run)입니다."

요새 가수 경연대회들을 봐도
심사위원 선배님들이 그런 이야기 많이 해 주시죠.
힘이 너무 많이 들어가 있다고.
힘을 빼야 한다고.

하루 빨리 대단한 것을 이루어내야 한다는
생각으로 가득 차 있으면,
온몸에 불필요한 힘이 가득하게 되고,
불필요한 움직임을 하면서
비효과적인 결과를 만들어 내게 되는 것은 당연하죠.

어느 분야이거나
대가의 움직임을 보면
충분히 숨을 쉬면서도 움직임이 아주 가볍고 깔끔해요.
군더더기가 없죠.

얍샵하게 요령을 터득했다고 말하기보다는,
저는 아름다운 모습을
보여줄 수 있을 만한 수준까지 올라가려면,
기본이 충실해야 하는 거라고 생각해요.
탄탄한 기반이 있기 때문에, 그 위의 몇 가지 움직임으로도
필요한 것을 만들어서 보여줄 수 있는 거라고요.

그러기 위해서는
지름길만을 찾는 태도가
오히려 방해물이 되기도 한다고 생각해요.

무조건 천천히 하는 것이 아니라,
나와 관련된 사람들,
상황과 맥락,
과제의 특성에 따라
어떤 속도로 달려야 할 것인지,
언제 쉬어야 할 것인지,
어떻게 발동을 걸어야 할 것인지에 대해
유연하게 다양한 접근을 할 수 있는
내공을 기르시기를 응원해드리고 싶습니다.

늘 200%로 달려온 나, 괜찮은 걸까?

[마음]

요즘 들어 부쩍 이런 생각이 들어.
내가 정-말로 욕심이 많구나….
스스로의 잣대도 참으로… 높구나….
어느새 나를 보면
200%까지 달리다가 쓰러져 있고…
그러다 또 일어나고를 반복하고 있어….
이런 나를 보는 주변의 반응은 늘 이래.
"뭘 그렇게까지 하냐?"
사실 내가 200%까지 나의 에너지를 쓴다는 건
최근에 안 사실이야.
예전처럼 내 몸이 따라주지 않는다는 걸.
이런 나를 깨닫기 시작하면서부터 내 마음도 편치는 않아.
늘 갈등의 연속이지.
"내가 이렇게까지 내 한 몸 희생해서 200%를 쓴다 한들
회사에서 내가 원하는 보상을 얻을 수 있을까?"
라는 의심이 생기면서부터….
내가 이렇게 달려도
내가 원하는 걸 못 얻을 것 같다는 확신이
더욱 강해져 갈수록

"이건 답이 아닌가 보다…" 싶어서 걱정돼.
"도대체 어느 정도까지 해야 하는 걸까?"
"일단 이 욕심부터 내려놓아야 하는 걸까?"

[수다]

이 방법이 맞을까?
라고 내가 의심하기 시작했다는 건
이미 이 방법이 그리 좋은 방법이 아닐 수 있겠다고
스스로 검증을 위한 생각을 하기 시작했다는 의미로 느껴져서
반가운 마음이 들어요.

늘 살아왔던 대로 살아가는 것이 아니라
내가 원하는 삶을 살기 위해 어떤 변화가 필요한지?
진지하게 나를 위해 고민하는 신호 같거든요. :)

내가 무조건 늘 200%를 써 가면서까지
회사에서 희생하고 욕심내서 일하는 것만이
일을 잘하는 방법일지?

이렇게 무리하게 달리는 방법 말고도
내가 일에서 원하는 성과를 달성할 수 있는
다른 방법은 없는지?
탐색을 원하는 시점이 아닐까 생각이 듭니다.

달리는 것,
특히 '빨리' '많이' 달리는 것만이

유일한 방법이라고 생각했을 때가 있을 거예요.
그때는 정말로 그 방법만이 유일했을 수도 있고요.
그런데 지금은 어떨까요.
한번 멈춰서 지금의 일하는 나를 바라본다면,
다른 방법이 보일 지도 모르니까요.

"지금도 정말 그 방법밖에 없을까요?"

빨리, 많이 달리면서 얻은 경험 속에서
새롭게 생긴 자원들이 분명 내 안에 쌓여 있을 거예요.

그동안 성장한 나에게는
어떤 자원들이 만들어져 있는지
한번 찬찬히 살펴보면 좋겠어요.

이제는 '달리는' 방법 말고
어떤 방법을 사용할 수 있을까 함께 생각해 보죠.

어떤 방법을 사용하면
지금보다는 덜 힘들면서도
효과적으로 일할 수 있을까요.

"혹시 달리면서 놓쳤던 것들은 없었나요?"
"어떤 걸 놓쳤을까요?"

평생 달리면서
나를 소모하는 방법만 쓸 수는 없는 거 아니냐고
내 몸과 마음이 나에게 말하고 있진 않나요?
내 몸과 마음도 이제는

지치지 않으면서도
일을 잘할 수 있는 기술을 원할 것 같아요.

그럴 때 나에게 힘을 주는 탈출구 하나를
만들어 준다면 참 좋겠습니다.
취미 생활도 좋고,
커리어 관련 활동도 좋아요.

그 무엇이 되었든
나 자신을 정기적으로 이완시킬 수 있는,

나 자신에게 충전이 될 수 있는
퀄리티 타임(quality time)을 선물해 보는 거죠. :D

이제는 늘 200%가 아닌
150%, 때로는 70%로 줄여가며
다양한 모습으로 일할 여유도 만들어 준다면 참 좋겠습니다.

예를 들면 이런 거죠.
"지치지 않을 정도로만 하자!"
이렇게 나를 지키면서 일하는 기술을 만들어 나가보면 어때요?

"그동안 난 왜 이런 방식으로
나를 사용해 올 수밖에 없었을까?"
"그동안 난 나랑 어떤 관계를 맺고 살아온 걸까"
지금의 나랑 이런 대화를 해 본다면 참 좋겠습니다.

나는 언제까지나 천하무적 에너지 만땅인 상태일거라고
믿어왔을 수도 있을 것 같아요.

내가 달리고 싶으니까
(혹은 달려야 한다고 믿으니까)
내 몸과 마음은 그냥 따라와 줄 거라고
무의식적으로 생각했을 수도 있을 것 같아요.

그런데 말이죠.
그 당시에는 내 몸과 마음이 나의 열정에 동의해 주었을지라도,
이제 더 이상은 지쳤다고 말한다면(신호를 보낸다면)
이제는 잠시 멈춰 서서
나에게 물어봐 줄(양해를 구할) 타이밍이 아닐까
생각이 들어요.

내가 일에서 원하는 건 무엇인지,
어떤 모습으로 일하면
지금보다 덜 지칠 것 같은지,

내가 덜 지치면서 일하기 위해
지금 일하는 환경에서 바꿀 수 있는 건 무엇인지,

나 혼자 바꿀 수는 없지만 조직으로부터 필요한 도움이 있다면
변화 가능한 환경적 요소는 무엇인지,

현재 일터에서 내가 더하고 싶은 건 무엇인지,
그걸 얻기 위해서 나에게 필요한 건 무엇인지,

내가 원하는 일터,
그 안에서의 나의 모습을 구체적으로 그려보는 시간을
지금의 나와 함께 꼭 가져보시면 좋겠습니다.

어떤 모습이 그려지실까요? :)

저 사람은 나를 어떻게 생각할까?

[마음]

나만 아는 사실이 하나 있어. 내가 회사에서 보여지는 모습이랑
실제 나의 모습은 굉장히 다르다는 것.
회사 사람들은 아마 상상도 못할 거야. 내가 어떤 사람인지.
실제 나의 모습을 알게 된다면 분명히 나에게 실망할 거야.
나는 내 실제 모습을 너무나도 잘 알기 때문에
이 모습을 그대로 드러낸다면
지금처럼 나를 좋아해 주고 인정해 주는 사람들이 없어질 거야.
그래서 항상 나는 남들이 생각하는 나를 의식해.
"저 사람은 나를 어떻게 생각할까?"
"남이 보는 나는 어떤 모습일까?"
그래서 난 자주 사람들에게 확인받으려고 해.
그 사람의 속마음을 캐묻거나 표정, 눈빛, 행동을 늘 관찰하고.
나를 대하는 눈빛이나 행동이 조금이라도 달라지면 무서워져.
"저 사람이 나를 미워하는 건 아닐까?"
"우리 사이가 멀어진 건 아닐까?"
나는 다른 사람들이 봤을 때 괜찮은 사람이고 싶어.
하지만 겉과 속이 다른 감정을 가진 나를 볼 때면

실제로는 내가 괜찮은 사람인 것 같지 않아서 기분이 다운돼.
사실 나는 사람을 볼 때 그 사람의 단점만 보이거든.
그 사람이 별로라는 생각도 들고, 잘 지내고 싶지도 않지.
그런데 실제로는 이런 감정이 전-혀 없는 '척'을 해.
그냥 그 사람이 좋은 것처럼 행동해.
늘 이런 식으로 '척'하면서 사는 나, 괜찮은 걸까?

[수다]

내 자신이 괜찮은 사람이면 좋겠다는 마음.
다른 사람도 나를 괜찮은 사람으로 봐 주었으면 좋겠다는 마음.

이런 마음을 가지는 게 과연 나쁜 걸까요?
너무 자연스러운 인간의 마음 아닐까요. :)

내가 괜찮은 사람이 아니구나…라는 마음이 느껴지면
정말 싫을 것 같아요.

내가 나를 좋아하지 않는 마음.
내가 원하는 내 모습이 아닌 것 같다는 결핍감.
그런 마음을 가진 나의 마음에 대해 조금 더 알아보고 싶어요.

나는 언제부터 이렇게 괜찮은 '척', 좋은 '척'을 해야 했을까요.
태어나면서부터 이런 '척'하는 나를 가지고
태어난 건 아닐 테니까요.

불안한 나 47

'척'하는 나는 언제부터 시작됐을까요?

분명히 시작점이 있을 거예요.
내가 나의 진짜 바람(want)을
있는 그대로 표현하지 못하게 된 그 시점.

원해도 원하지 않는 '척'해야 했던 때.
슬퍼도 슬프지 않은 '척'해야 했던 때.
불편해도 불편하지 않은 '척'해야 했던 때.
어떤 장면이 떠오르시나요?

분명 그때의 나는
지금보다 어릴 때의 나는
그럴만한 이유가 있었을 거예요.

나의 욕구를 있는 그대로 표현하지 못하고
타인의 바람대로 '포장해야' 했던 그 때.

그래야만 내가 중요하게 생각하는 그 사람으로부터
사랑까지는 아니더라도
혼나진 않을 거라는 생각.
버림받진 않을 거라는 생각.
소외는 받지 않을 거라는 생각.

사실은 그들에게 이런 마음이 있었던 건 아니었을까요?

그런데 있는 그대로의 나를 보이면
사랑받지 못했고

계속해서 나의 모습을 고수한다면
나는 계속해서 사랑받을 수 없을 것 같아
그 상황에서 수용받을 만한(내가 생각한 정답에 가까운) 모습을 만들어 오는
습관으로 살아오고 있는 건 아닐까요.

그때는 분명 그럴만한 이유가 있었을 거예요.
꼭 찾아보길 바랍니다.
내 자신에게 물어봐주세요. 천천히 조금씩.

그리고 우리,
그런 나를 미워하거나
그런 나를 지우려고 노력하거나
이런 나에게 양심의 가책을 느끼지는 말기로 하면 어때요?

그때는 그렇게 나를 위한 방어수단이 필요했을 거라고
그렇게 생각해 주면 어때요.

그리고 이제는
그때의 나보다 더 성장한 나를 위해
조금 다른 표현 방식을 만들어 보면 좋을 것 같아요.

내 안에서 어떠한 욕구, 생각, 감정이 떠오른다면
어떻게 표현하면 좋을지?

자동반사적으로 '척'으로 포장하지 말고
사회생활에서 적절하면서도 나의 의사를 표현하는 방법.

이런 연습을 시작해 보면 좋겠어요.

그렇게 나의 속마음과 겉 표현 간의 차이를
줄여 나가 보는 연습.

지속적으로 연습을 해 본다면
점점 나의 속마음에게도 미안하거나
나의 속마음을 미워할 일이 줄어들 수가 있어요.
나의 부정적인 감정을 표현하면서도
나를 있는 그대로 좋아해 줄 관계도 만들 수 있고요.

결국 나는 나의 모습 있는 그대로
수용받고 싶은 거니까.

결국 나는 사회생활도
나의 모습으로 잘 해내고 싶은 마음이니까.

나대로 잘 해낼 수 있는 방법을 만드는 데
한 발자국 용기를 내 보면 좋겠습니다. :)

> 일터에서 피해의식만 커져가는 못난 나,
> 이 일을 계속할 수 있을까?

[마음]

이 조직에서 일하는 상황이 낯설고 무서워.
단지 시간이 흐른다고 적응이 될 것 같지도 않고.

시간이 지날수록
내가 생각하는 나의 일에 대한 기대랑
다른 사람들이 가지는 나의 일에 대한 기대가
너무 차이가 난다는 생각도 들어.

이렇게 지내다 보니깐 자꾸 다른 사람들이

"나를 이용하는 게 아닌가?"
"나를 공격하는 게 아닌가?"
"나를 무시하는 게 아닌가?"

피해의식만 커져 가.

그러다 보니 결국엔

"내가 이 일을 계속할 수 있을까?"
"여기서 계속 있다간 내가 나를 지킬 수 있을까?"
그럴 수 없을 것만 같아서 두려워.
"나 여기서 적응할 수 있을까?"
"그래도 적응해내야만 하겠지?"

[수다]

내가 나를 지킬 수 없으면 어떡하지?라는 말이 마음에 남아요.
결국 지금 내가 느끼는 두려움, 불안, 걱정들은
내가 나를 지키면서도 조직에서 적응할 수 있는 방법을
찾고 싶다는 마음인 것 같아서요.

이만큼 나를 아끼는 마음을 기억하면서
지금의 상황을 함께 생각해 보면 좋겠어요.

일단 내가 생각하는 나의 일에 대해
구체적으로 정의를 내려 보면 좋겠습니다.
내가 지금 현재 조직에서 맡은 역할과 책임부터 시작해 보죠.

(구체적으로)
"나는 어떤 역할을 맡았나요?"
"나에겐 어떠한 책임이 있나요?"
"그런데 이 상황에서 타인들은
나에게 어떤 것을 기대하고 있나요?"
"그 기대가 합리적인가요?"
"합리적이지 않다면 그 이유는 무엇일까요?"

분명 합리적이지 않은 부분이 존재하기 때문에
내가 이 상황을 불편해하는 건 아닐까 생각해요.

분명 나에게 무리하게 기대하는 측면이 있을 것 같아요.
그러니까 시간이 지나도 적응은커녕
더 힘들다고 느낄 수 있겠죠.

그런데 여기서 잠깐 멈춰서

"지금의 나는 나의 중심이
제대로 세워진 상태로 가고 있는가?"
"내가 생각했을 때
불합리하다고 생각되는 타인의 기대에 대해
흔들리고 있는 부분은 없는가?"
점검해 보면 좋겠어요.

내가 생각했을 때 아닌 부분은 아니라고.
일단 나 자신에게라도 말해 줄 수 있으면 좋겠어요.

나에게 맡겨진 역할과 책임에 최선을 다했을 때에도
그런 나를 누군가가 비난하거나 무시한다면
그건 결코 적응을 못한 나만의 문제가 아니거든요.

그런데도 나는 피해 받고 있는 것 같고
무시당하고 있다는 느낌에 사로잡혀 있다면
나 자신에게 일단 말해 주면 좋겠어요.

"지금 현 상황에서 저 사람들의 문제는 정확히 무엇인가?"

내가 피해받았다고, 무시당한다고 느끼는 상황에서
그 사람들이 보이는 '비합리성'에 대해
객관적으로 분석해 보면 좋겠어요.
그들의 문제는 그들의 문제로 존재하는 것이기에
그 문제에 효과적으로 대처할 방법에
주의를 기울여 보면 좋겠어요.

그들에게 불합리한 측면이 있다면
나의 목소리를 통해
필요한 자원을 얻어 보면 좋겠어요.

무조건 적응하지 못하는 내가 문제고,
피해받았지만 결국 그런 내가 못났고,
무시당한 나만 문제라고 여긴다면,
안 그래도 힘든 내가 더욱 힘들어지지 않을까요.

결국 내가 원하는 것은
나를 지키면서도
이 조직에서 일 잘하는 사람이 되고 싶은 것.

그 사실 하나를 잊지 않고
나에게 필요한 자원을 눈을 크게 뜨고 찾아본다면.

힘든 상황 속에서도
나를 위한 선택을 하나씩 하나씩 늘려나가는
더욱 단단한 나를 만날 수 있지 않을까 기대가 됩니다. :)

내가 이 일을 할 자격이 있나?

[마음]

남들은 나보고 "네가 무슨 걱정이 있겠냐"고 해.
누구나 부러워하는 ○○○인데 뭘 걱정하냐고.
그런데 사실 내 마음속은 그렇지가 않아.
벌써 ○년차인데
연차가 쌓일수록 걱정만 늘어나고 있어.
표면적으로는 의미 있는 일인걸 알지만
실제 생활은 힘든 것 투성이야.

사실 이 ○○○이라는 진로는
내가 선택한 것도 아니야.
부모님과 ○○○의 권유로 선택했지.
그때의 나는 그냥 고민 없이 선택할 수 있었어.
그냥 그게 정답인가 보다,
나에게 최적의 답인가 보다 했지.

그런데 시간이 흐를수록
"내가 이 일을 할 자격이 있나?" 의심이 돼.

"내가 ○○○을 할 자격이 있나?"
"내가 ○○○을 계속할 수 있을까?"

그러다가 결국 그냥 버텨야 되는구나…
하는 마음으로 꾸역꾸역 생활을 유지만 하고 있어.
이런 내가 이 일을 계속하려면 어떤 마음으로 가야 하는 걸까?

[수다]

내가 하고 있는 일이
오롯이 내가 선택한 것이 아니라면,

그 누군가의 기대에 부응하기 위해
그들의 의견에 순응했던 결과라면,

내 안의 자유 의지가 점점 더 커지면 커질수록
다른 사람의 동기로 시작한 일을 지속할 힘을
잃어갈 수 있어요.

인간은 누구나 다른 사람의 욕구에 의해 움직이기보다는
나의 자율적 욕구에 의해 움직이고 싶어 하는
동기가 있는 존재이니까요.

이런 고민이 들 땐
'목표'를 향하는 사람의 특성에 대해
생각해 보는 게 도움이 될 것 같아요.

"안 하면/못하면 반드시 큰일이 날 거야."
"안 하면/못하면 나는 처벌/비난받을 거야."
"안 하면/못하면 나는 실패자가 될 거야."

라는 생각으로 움직이는 것.
혹은

"내가 잘하는 것을 누군가에게 보여줘야 해!"
"내가 잘해서 칭찬받아야 해!"
"내가 잘한다는 것을 세상에 증명해야 해!"
라는 동기에 의해 목표를 향해가는 것보다는

"이 일 자체를 잘하고 싶어!"
"이 일에서 더 배우고 싶어!"
"이 일에서 나의 역량을 개발하고 싶어!"

라는 '숙달-목표 지향성'이라고 불리는 '내적 동기'가
훨-씬 더 강력한 동력을 가진다는 것.

나는 지금 어떠한 동기에 의해서 이 일을 하고 있나요?

시간이 흐를수록
내가 이 일을 할 자격이 있나?
라는 의문이 들었다는 이야기를 듣고

아, 점점
누군가의 욕구에 의해 일하는 것이 아니라
"나 스스로의 욕구로 일하고 싶은 마음이
커지는 것이 아닐까?"
라는 생각이 들어서 반가운 마음이 들었어요.

비록 ○○○의 시작은 내가 선택한 것이 아니었지만,
현재 시점에서 나는 ○○○이고
내가 ○○○의 역할을 잘 수행하려면
어떻게 해야 하지?
라는 궁금증이 생긴 것이 아닐까요?

그럼 비로소 나는 위에서 말한 것처럼
"이 일에서 나의 역량을 개발하고 싶어!"
라는 나만의 자율적 동기가 커져가고 있는 것 아닐까요?

점점 더 이 일의 중요성을
나 자신의 핵심 가치나 신념 등과 같이
내가 가진 여러 가지 측면과 연결된 상태를 기억하면서
일터에서 새롭게 시도해 볼 수 있는
행동 한 가지를 찾아본다면,

결국엔 일 자체가 나 스스로에게 흥미롭기 때문에
계속해서 이 일을 하게 되고 점점 잘하게 되는 상태

그런 방향으로 나를 데려가 주는 건 어떨까요.

결국, 나는 어떠한 모양으로 생긴 일을 갖고 싶은지?
나의 것을 명확히 찾고 싶은 순간이 아닐까 생각이 들어요.

어떤 중심을 갖고
어떻게 갈 것인지는
이제부터 내 마음이 원하는 대로
결정해 보면 되니까요 :)

다른 사람들이 너무 부러워

[마음]

나는 현재 내 모습이 정말 마음에 안 드나 봐.
내가 이상적이라고 생각되는 모습의 삶을 사는 사람들을 보며
부러워하고 있는 나를 자꾸 발견해.

'나도 저렇게 되고 싶다!'라는 생각이 들면
그냥 열심히 하면 좋을 텐데
"나는 왜 이렇지?"
내가 갖지 못한 특성만 쳐다보면서 부러워하고만 있어.

다른 사람들은 나에게 말해.
"왜 그런 걸로 스트레스를 받아?"
근데 나는 무시가 안 돼!!

특히 내가 갖지 '못한' 특성을 갖고 있는 사람을 바라보면서
질투하느라 에너지를 많이 빼앗기는 것 같아.

타인을 부러워하느라 에너지를 다 빼앗기는 나.
이렇게 하면 내가 원하는 모습이 될 수 없을 것 같아 불안해.
나 어쩌지?

[수다]

누군가를 질투하는 마음.
누군가와 나를 비교하며 작아지는 마음.
너무 힘든 마음이죠. ㅠㅠ

그런 마음을 계속해서 갖고 있으면서
나는 또 얼마나 마음고생이 많았을까요.

비교하는 건 나에게 도움이 안 된다는 걸
머리로는 잘 아는데도 불구하고
계속해서 타인을 부러워하고, 질투하고,
나를 깎아 내리는 나를 보면서 또 얼마나 힘들었을까요.

그런 나에게 일단 너무 고생 많았다고 얘기해 주면
참 좋을 것 같다는 생각이 들어요.

알면서도 안 되는 마음이 얼마나 괴로웠을까.

그런데 말이죠.
지금 분명
내가 원하는 모습이 있다고 했어요.

내가 원하는 모습을 한 단계 더 구체화해 보는 작업을
지금부터 함께해 봐요.
나한테 질문을 하고 답을 해 보면서 말이죠. :)

"내가 원하는 모습이 정확히 의미하는 것은 무엇일까요?"
"진짜 나의 욕구는 무엇일까요?"
"내가 부러워하는 그 사람이 가졌다고 느끼는 것은
무엇을 표상하나요?"
인간에게는 크게 다섯 가지 기본 욕구가 있대요.

생존.
권력.
자유.
즐거움.
사랑과 소속감.

내가 바라는 그 부러움은
"어떤 욕구를 표상하고 있을까요?"

"이 욕구는 언제부터 필요하다고 느꼈을까요?"
"이 욕구는 왜 지금까지 채워지지 않았을까요?"

"나는 지금까지 이 욕구를 채우기 위해
어떤 노력들을 해 왔나요?"
"그 노력의 결과는 어땠나요?"
"노력이 실패했다면 그 이유는 무엇이었나요?"

단순히 저 사람이 잘나고 내가 못나서가 아니라
나의 전략이 애초에 잘못 설정되었다면
당연히 나의 욕구는 채워지지 않을 수밖에 없었을 거예요.
내가 원하는 모습이
진짜 내가 원하는 '나'의 욕구가 틀림없다면

불안한 나 61

그 모습이 되기 위해 필요한 작업 중에서
내가 피해왔던 건 없는지,
왜 피했는지,
지금부터 어떤 시도를 해 보면 좋을지,
함께 전략을 제대로 세워 보면 돼요.

현실적으로 성공할 수밖에 없는 전략을
매우 구체적으로 세우는 거예요.

그리고 나의 성장을 점검해 보기로 해요.

객관적이고 측정 가능한 기준을 갖고,
나에게 유효한 전략을 세우고,
오롯이 '나'의 동기를 연료 삼아
나만의 그림을 만들어 가 보는 데 집중해 보기로 해요.

다른 사람이 가진 것과
내가 만들어 갈 그림은
분명 그 색이 다른 그림이니까요.

'나'라는 독특한 개인이 만들어 가고자 하는 그림을
'나'만의 방식으로
만들어 가면 좋겠어요.

결국 내가 원하는 그림을 그릴 수 있는 건
유일한 나 자신 하나니까요.

매일 지적만 받는 나, 무능한 건가?

[마음]

직속 상사한테 지적받는 게 너무 오래되다 보니까
이제는 또 지적받을까 봐
나도 모르게 불안감이 올라와.

혼나지 않는 상황에서도
"또 혼나지 않을까?"
눈치를 보게 되고
묻고 싶은 게 있어도 또 혼날까 봐 무서워서
묻지 않게 되고.
그러다 보면 또 실수가 일어나고
결국 '쟤 또 사고 쳤구나'라는 인식이 쌓여가.
나는 그런 애로 낙인이 찍혀버린 것 같아.
회사에서 매일 숨죽이고 있는 나날이 꽤 됐어.

이 정도 되다 보니 이제는
"내가 무능하구나"

"내가 여기서 계속 있을 수 있을까?"
이런 생각이 너무 많이 들어서 밤에는 잠도 잘 못 자.

그래도 나름 여기서 잘 해 보겠다고 아등바등하고 있는데...

"어떻게 하면 일 잘하는 사람이 될 수 있을까?"

[수다]

누군가에게 비난 받는 일, 정말 고통이죠.
그 누군가가 직장 상사라면 더 괴로울 것 같아요.

어떻게 보면, 회사에서는
내 목줄을 쥐고 있다고 느껴지는 그런 존재잖아요?
잘 보여야 될 것 같은 사람, 나의 인사고과를
좌지우지할 수 있을 것 같은 사람.

그런데 그 사람이 나를 '사고치는 애'로 낙인찍었다면,
상황이 꽤 심각하다고 느껴져요.
일단 그런 상황을 너무 오래 '유지'하고 있던 나는
참으로 '잘 참는 사람'이 아닐까? 이런 생각이 들어요.
보통 너무 힘들면 도망갈 궁리를 하잖아요.

나는 참 잘 참는데,
"너무 참기만 한 건 아닐까?"
한번 생각이 필요할 것 같아요.

스트레스 상황을 해결하는 방법으로
'참기'만 사용해 왔다면,
그런데 그 방법이
별로 효과적이지 않은 것 같다는 생각이 든다면,
이제는 나의 성장을 위해 새로운 방법을 시도해 볼 때니까요.

내가 겪고 있는 문제에
정확히 대처할 수 있는 새로운 방법을
함께 찾아보면 좋겠어요.

중요한 건 이런 상황에서도
내가 원하는 것은 '퇴사'가 아니라,
이곳에서, 이 직장 상사 아래에서
일 '잘하는' 사람이 되는 거라고 했으니까요.

나는 이곳에서 도망치고 싶은 것이 아니라,
나는 이런 나를 포기하고 싶은 것이 아니라,

이곳에서 이런 나에게,
일 잘하는 나의 모습을 만들어 주고 싶은 거니까요. :)

먼저 '일 잘하는 사람'에 대해 정의가 필요할 것 같아요.
"일 잘하는 사람이란 어떤 사람일까요?"
막연히 상사에게 예쁨받는 사람,
상사가 좋아하는 사람은 아니겠죠?

나의 아킬레스건,
다시 말해 현재 나의 발목을 잡고 있는
'특성'이 무엇인지 분석이 필요해요.

"내가 맡은 일에서 나에게 요구되는 특성은 무엇일까?"

혼나는 '내'가
전반적으로 문제가 있는 사람이라 망한 것이 아니라
내가 혼나는 '포인트'를 정확히 찾아서
그 '포인트'를 보완할 수 있는 '행동 전략'을 만들어 보는 것.
이것이 지금 당장 필요한 것이라는 생각이 들어요.
물론 안타깝게도 성향상 지금의 일에서 요구하는 특성을
안 갖고 태어났을 수도 있어요.
그런 성향이 '틀렸다'는 것은 아니에요.
그럴 수 있죠. 나의 타고난 성향이고,
인간의 성향은 다양하니까요.

그런데 문제는 현재의 직장에서
나에게 '어떤 특성'을 요구하고 있다는 사실.
내가 맡은 역할과 책임에 포함되는 스킬이라는 것은
현 시점에서 우리가 주목해야 할 중요한 사실이라고 보여요.
내가 타고나지 않은 성향과 연관되는 스킬이니까.
그 말인즉슨 내가 개발해야 할 포인트라는 사실일 수 있으니까.

"나에게 없는 특성은 절대로 개발할 수 없어!"
라고 보지 않아도 돼요.
스킬, 지식, 태도 등을 포괄하는 '역량',
'일 잘하는 사람의 행동패턴'은
충분히 개발 가능하고 학습이 가능하기 때문이에요.

지적받았어.
→ 무능한 내가
→ 싫어
이렇게 가는 화살표(논리의 흐름)보다는

지적받았어.
→ 어느 포인트에서 자주 지적을 받지?
→ 그 포인트가 정확히 어떤 특성이지?
→ 나의 어떤 성격과 연관되지?
→ 그 포인트를 어떻게 개발하면 좋을까?
→ 유의할 점은 뭐지?
→ 잘되어 가고 있는지 점검해 볼까?
→ 사람들의 피드백을 요청하는 게 좋겠다!
→ 나에게 피드백을 줄 수 있는 신뢰할 만한 사람은 누가 있을까?
→ (피드백을 받은 후)아, 이런 부분을 바꿔보는 것이 좋겠네!

이런 과정을 통해 나의 역량을 개발하는 데
집중해 보는 선택을 해 보는 건 어떨까요?

결국 내가 원하는 것은
'일 잘하는 사람'이라는 사실 하나에 집중해서

일 잘하는 모습을 구현하기 위해 앞으로 나아가 본다면

내가 원하는 모습으로 한 발자국 나아가는 나를 응원해 준다면

어느새 내가 원하는 곳에
원하는 모습으로 있는 나를 발견하게 될 거라고 믿어요.

> 여기 계속 있으면 나도
> 저 선배같이 될 것 같아. 어떡하지?

[마음]

어제 만났던 친구 얘기가 자꾸 머릿속을 맴돌아.
"지금 같이 일하고 있는 상사랑 선배들이
너무 좋은 사람들이라고.
나도 앞으로 저렇게 살면 되겠구나
라는 생각까지 들었다고."
너무너무 부러워.
나랑 비슷하게 사회생활 시작한 친구였는데,
나랑 벌써 이만큼 차이가 벌어진 것같이 보여.
자존심이 상해서 부럽다고 말도 못하고
내 얘기는 더욱더 못했어. 아후~
가만히 우리 상사랑 선배들을 보고 있으면
한숨이 절로 나와.
욕하면서 배운다던데
이러다가 나도 모르는 사이에
나도 저 인간들처럼 되면 어떡하지.
정말 정마알!!!!
저! 렇! 게! 는! 살고 싶지 않은데.

이 환경에서 시간이 아무리 지난다고 해도
내가 성장을 한다거나
내 미래에 좋은 변화가 생길 일은 없을 것 같아.
어떻게 해야 하지?

[수다]

우~~
(부르르)

정말 그건 겁나고 걱정되죠.
내가 일하고 있는 환경에서
바라볼 수 있는 사람들이
손으로 꼽을 수 있을 만큼 뻔한데,
그 사람들 중에
'나도 저렇게 살고 싶다'라고 생각되는
사람이 없다면 말이에요.

게다가 왠지 모르게
조금씩 조금씩
내가 싫어하는 선배의 행동을
어느새 하고 있는
내 모습을 발견할 때면
소름 끼치기도 할 거예요.

이렇게 부르르 떨리는 무서움과

소름끼치는 걱정이 밀려올 때마다
나 자신에게
아주 명확하게 이야기해 줘야 하는 말이 있어요.
"똑같은 일을 한다고 해서,
똑같은 경력을 가지고 있다고 해서,
똑같은 삶을 살게 되지는 않아"
라고 말이에요.
100명의 사람이 있으면
100가지 형태의 삶이 존재하기 마련이죠.
직업과 직장과 하는 일이 똑같다면,
얼핏 비슷하게 사는 것 같이 보일 수도 있지만,
각 개인의 삶이 가지는 색깔과 모양과 형태와 향기는
절대 똑같지 않아요.

하지만,
"혹시 내가 형편없는 선배 같은 삶을 살게 되면 어떡하지,
나도 그렇게 성장하지 못하고 현실에 안주하며 정체하는,
실력은 쥐뿔도 없으며
유일하게 노력하지 않고 얻을 수 있는
나이와 짬밥만 잔뜩 가지고 있는
인간이 되면 어떡하지"라는 걱정을
계속해서 하게 된다면,
그 걱정이 반짝반짝 빛날 수 있는
내 현재와 미래를 파고들어서
망가뜨릴 거라는 것은 분명해요.

지금 내 주위에,
그리고 앞으로 내가 만나게 될 미래에,
정말 닮고 싶은 상사와 선배들도 많이 존재하겠지만,
항상 그렇지는 않을 거라는 것도
솔직히 인정합시다. ^^;;

(우리 자신도 후배들에게
그런 형편없는 선배로 비춰지지 않으려고,
지금 이렇게 노력 많이 하고 있는 거잖아요. ^___^)
그런 사람들을 우리가 싫다고 해서
만나지지 않게 되지는 않을 거예요.
그렇다면 "싫어 싫어" 하면서
주저앉아 울기보다는,
이렇게 활용해 보는 것이 어떨까요?

Anti-role model로 말이에요.
"아~ 저렇게 행동하면 함정에 빠지게 되는구나."
"아~ 저렇게 이야기하면 사람들이 알아듣지 못하는구나."
"아~ 저렇게 감정표현을 하면 자기 발등을 찍게 되는구나."
아주 큰 도움이 될 거에요. ^__*

그리고
이렇게 싫어하는 선배가 있다는 것은,
본인이 나아가고자 하는 삶의 방향이 명확하다는 뜻이라고
생각되는데요.

심리학에서 현실치료 전문가들이 이야기하듯이,
원하는 것이 분명하다면(WANT)

그 원하는 것을 더 많이, 자주, 크게 만들 수 있도록
현재 나는 움직이고 있나?(EVALUATE),
어떤 것을 덜 하고 더 해야 하지?(DOING)
무엇부터 시작할까?(PLAN)를
생각해 봐도 좋을 것 같아요.

앞으로 되고 싶은 내 모습을 만들어 가는 것은
나 자신이라는 말을
잊지 말고 계속해서 나에게 이야기해 주시길 바랍니다.

―――――――――――――

II
혼란스러운 나

> ## ○○○○의 권유로 시작하게 된 일, 계속해도 될까?

[마음]

지금 내가 하고 있는 일을
왜 하게 됐냐고 누군가 묻는다면,
솔직히 말해서
그건 내 선택이 아니었다는 대답을 하게 돼.
부모님이 원하셔서,
○○○○의 권유로.
예전에는 그게 맞다고 생각했었어.
나는 나이도 어리고,
경험도 없고,
아직 세상을 잘 모르니까.
나보다 인생을 더 많이 살아본 사람들의
생각을 따르는 것이 더 맞다고 생각했었지.
그런데, 지금 생각해 보면
그런 식으로 선택을 하는 것이
정말 맞았던 걸까 하는 마음이 들어.
내가 지금 하고 있는 일은
내가 바랐던 거라기보다는,

우리 부모님이,
누구누구가
좋다고 생각했던 직업이었던 건데.
내가 정말 원해서 시작하거나 선택했던 일이 아닌데.
이렇게 큰 고민 없이, 별 생각 없이
계속해도 되는 걸까?

[수다]

밀레니얼 세대 & Z세대 사회 구성원들과 함께
일에 대해 이야기를 하면서,
가장 많이 듣는 이야기가 바로
"이 일이 내 일이 맞을까요?"
"이 일이 내 적성에 맞는 것일까요?"
"이 일이 내가 정말 원하는 걸까요?"인 것 같아요.

만나고 해결해야 하는 상황들이
내가 생각한 대로
일의 세상에서
잘 풀려가지 않을 때마다
"혹시 내가 길을 잘못 든 걸까?"
"그때 부모님의 말씀을 듣는 게 아닌 걸까?" 하는
불안감이 드는 건 너무나 당연한 마음일 거예요.

일단 나만 그런 건 아니니까
휴우 한숨 한번 쉬고 넘어갑시다. ^^

첫 직업을 선택하게 되는 시기가
대부분의 경우
학생으로서의 삶을 갓 벗어난
20대 초중반이다 보니,
당연히 나에게 큰 영향력을 미칠 수 있고,
내가 신뢰할 수 있는
주위 어른들의 이야기를 많이 듣게 되죠.

내가 의지박약했던 것도 아니고,
내가 아무 생각 없이
어른들이 시키는 삶을 살아왔다고 말할 것도 아니에요.

그때 당시에는 가장 바람직해 보였던 방법으로
의사결정을 한 것이라고 생각해요.

드라마 〈응답하라 1988〉에서,
가수 이적이 들국화의 노래를 리메이크한
〈걱정말아요 그대〉를 부르면서
"지나간 것은 지나간 대로 그런 의미가 있죠"라는
가사를 읊조릴 때,
방청객으로 온 많은 사람들이
눈물을 흘리는 모습을 본 적이 있어요.

내가 지금까지의 인생을 살아오면서
해 왔던 많은 의사 결정과 판단 때문에
겪었던 다양한 경험들이
다 그럴 만했다고,
그럴 만한 가치가 있었던 거라고

위로해 주는 가사여서
모든 세대의 마음을 울렸다고 생각해요.

과거에 내가 했던 선택 방법이
과연 맞았던 걸까 하는 의구심이 들 때는
스스로에게 말해주세요.
"그때는 나한테 가장 좋아보였던 방법을 택했던 거고,

그 방법을 통해 고른 환경에서
충분히 얻을 수 있는 보석을 많이 얻었다"고 말이에요.

중요한 것은 지금부터죠.
아까 했던 이야기 중에서,
제게 인상적이었던 표현은 마지막 말이었어요.
"이렇게 큰 고민 없이, 별 생각 없이 계속해도 되는 걸까?"

아니요.
그건 아니라고 생각해요.

이제 내 삶을 어떻게 만들어 나갈지에 대해
고민하고 생각해야 하는 것은
나 자신이니까요.

나에게 의미 있고 가치 있는 삶을 꾸려가려면
뭘 어떻게 해야 할까 라고 생각하고,
다양한 실험을 해 보고,
여러 사람들을 만나고,
엎어지고 자빠지고 휘청거리면서

색색깔의 아름다운 보석들을 얻어
내 삶을 꾸며나갈 수 있는 것은
나라는 존재밖에 없는 것은 분명하죠.

그러니까, 나에게
"그때 선택을 잘못한 거 아냐?"라고 다그치기보다는
"이제부터 어떻게 할지 같이 의논하자"라고
다독거려 주시면 좋겠어요.
나를 제일 예뻐하고
아껴줄 수 있는 사람은
나 자신이니까요.

잘 산다는 건 도대체 어떤 걸까?

[마음]

하루하루
다람쥐 쳇바퀴 돌듯이
정신없이 살고 있는 기분이 들어.
어떤 때는
머리는 멍~한데
거의 자동적으로
손발만 움직이는 것 같기도 하고.
그런데 내 친구들은 다르더라고.
자기 인생을 어떻게 살아갈 것인지를
아주 또렷하게 알고 있어서
자신감 있고 항상 부지런하게 사는
친구들을 보면
정말 반짝반짝 빛나는 것 같고
나만 뒤처지는 것 같아서
하염없이 조급해지는데,
뭘 어디서부터 어떻게 해야 하는지를 잘 모르겠어.
이런 생각을 하는 것도 매일 하는 게 아니라,

평소에는 정신 내놓고 살다가,
아주 가~끔 문득 떠오르는 거. 쩝.
"잘 산다는 건 도대체 어떤 걸까?"
무슨 정답이 있는 것 같기도 하고,
아닌 것 같기도 하고.
누가 좀 가르쳐줬으면 좋겠어.

[수다]

'잘 사는 것'
'행복'

누구나 바라고 원하는 것인데,
어떻게 얻어야 하는지에 대해서는
모두가 알고 있는 지름길이나
황금 열쇠가 없는 거라
더 불안하고,
더 걱정되고,
더 바라게 되죠.

우리보다 앞서서 살아오신
기성세대들의 삶에서는
그래도 현재 시대보다는
잘 사는 것이란 어떤 거라는
공통된 정의가 있었던 것 같아요.

"어떤 학교에서 공부했어요."
"어떤 직업을 가지고 있어요."
"어떤 기업에서 일하고 있어요."
"어떤 사람과 결혼했어요."
"어느 동네에서 살고 있어요."
"우리 집은 몇 평이에요."
"우리 차는 어디 거예요."
등등.

그런데
우리가 살고 있는 현재의 시대는
어떤 것이 잘 사는 삶인지에 대한
정답이 더 명확하지 않게 됐죠.
존재할 수 있는
정답의 경우의 수가
엄청나게 많아졌으니까요.

모든 사람들이
하나의 정답을 향해
미친 듯이 달려야 하는 상황이
줄어들게 되어
좋은 점도 있지만,

어떻게 살아가고,
어떻게 삶의 의미를 찾을지에 대한
책임은 예전보다
각 개인에게 더 많이 돌아와서
더 버겁고 더 걱정이 될 거예요.

현대의 학자들이
'잘 사는 것', '행복'에 대해
한 가지 공통적으로 이야기하는 것이 있어요.

행복한 사람이
부정적인 기분을 느낄 때가 전혀 없고,
항상 즐겁고 신나서 웃는 사람은 아니라는 거예요.

자신이 행복하다고 생각하는 사람은
다른 사람들과 마찬가지로
기분 나쁠 때도 있고, 기분 좋을 때도 있지만,

한 가지 다른 점은
원하는 대로 일이 풀리지 않거나
불편하고 어려운 상황이 발생했을 때,
그 해석을 본인에게 의미가 있도록
다양하게 할 수 있다는 거죠.

내가 이 세상에 왜 태어났는지는 잘 모르겠지만,
이 세상을 어떻게 살아가고 있는지에 대해
내 나름대로의 어떤 의미를
어떻게 만들어 가고 있는지에 대해
이야기할 수 있도록
애쓰고 있다면,
그것이야말로 '잘 사는 삶'이 아닐까 싶어요.

머릿속을 비우고
멍을 때리고 있는 순간도,
소파와 소파에 등을 대고 누운 내가
하나의 존재로 합쳐지는 순간도,
어려운 문제를 해결하기 위해 애를 쓰는 순간도,
예상치 못한 장애물에 걸려 엎어지는 순간도,
기대하던 성과를 만들어 내어 기뻐하는 순간도,
모두 다 내 삶에 있어서
의미 있는 순간이라고 말할 수 있다면 좋을 거라 생각해요.

있어 보이는 일을 해야 하는 건가?

[마음]

동창회에 참석했다가 집에 오는 길에,
요새 잘 만나지 못했던
예전 친구들의
인스타그램이나 페이스북을 보게 될 때,
유난히 머릿속에
맴도는 말이 있어.
'있어 보이는 일을 해야 하는 건가?'
이렇게 말하면서도
나도 그게 무슨 얘긴지 잘 모르겠지만.
어떤 사람을 만나서,
그 사람의 직업이나 직장에 대해 이야기를 들으면,
"오올~~~" 하는 반응이 나올 때가 있잖아.
아마, 그런 게 있어 보이는 일인 것 같아.
그런데, 일을 좀 하다 보니,
점점 더 헷갈리고 혼란스러워져.
"도대체 뭐가 있어 보이는 일인 걸까?"
"아니, 진짜 있는 일은 뭘까?"

"도대체 뭐가 있다는 걸까?"
솔직히 내가 하는 일에 대해서도
친구들은 "오올~~~"이라고 말해주지만,
"정말 뭐가 있는 일인 걸까?"
"그냥 겉에서만 있어 보이는 게 아닐까?"

[수다]

"오올~~~"

그죠.
이왕이면 내가 하고 있는 일에 대해
들은 사람들이
이 반응을 보여줬으면 좋겠죠.

그런 일을 하고 살다니
부럽다고도 해 주고,
후배들을 만나면,
"저도 선배처럼 살고 싶어요"라는
말을 하는 걸 듣고도 싶고 말이에요. ^^

예전에는
그저 돈 많이 벌고,
사회적으로 높은 지위를 얻을 수 있는 일이
있어 보이는 일이었던 것 같은데요.
요새는 '있다'라는 것의 기준이
정말 다양해져서
뭐라고 딱 한마디로 정의할 수 없는 것 같아요.

그런데 우리는
남들에게 있어 보이는 일을 하고도 싶지만,
사실 나 스스로 내가 하는 일이
진짜 '가치와 의미와 알맹이가'
있는 일이라고 생각할 수 있기를 바라는 것 같아요.
그러면 여러 가지 머릿속을 헤엄쳐 다니는
질문들에 대한 답을
우리 같이 하나씩 정리해 보죠.

하나.
있어 보이는 일을 해야 하는 건가?
→ '해야 하는(MUST)'은 아니라고 생각해요.
사람마다 그 사람이 원하는 삶이 다르고,
그 사람이 가지고 있는 특성과 역량, 준비도,
스타일이 다 다른데
특정한 직업이나 직장만을 가지는 것이 좋다고
누가 말할 수 있겠어요.

두울.
도대체 뭐가 있어 보이는 일인 걸까?
→ 사람들이 부러워하는 일의 특성들이 있죠.
개인적인 자율성도 많고, 돈도 많이 벌고,
성장도 많이 할 수 있고,
특히 요새는 여행을 다닐 수 있는 여유 시간을
충분히 가질 수 있는 일도 포함이 되는 것 같고요.
그런데 그 특성들을 다 나열하자면 끝이 없을 거예요.
남들이 가지고 있는 기준이 나에게는 웃기지도 않는다고
생각되는 경우가 있으니까요.

세엣.
진짜 있는 일은 뭘까?
도대체 뭐가 있다는 걸까?
→ 의미, 가치, 내가 살고 있는 사회 구성원들에 대한 기여,
이 세상을 더 좋은 곳으로 만드는 데에 도움을 줄 수 있는
부분이 아닐까 싶어요.
그러니까 단순히 일의 내용이나 직업의 이름,
회사의 타이틀이 아니라,
그 일에 대해 내가 어떤 의미와 가치를 부여하고 해석하고
있는가가 더 중요성이 큰 거라고 생각해요.
그만큼 내가 하고 있는 일에 대해
진지하게 생각하는 사람만이,
정말 밖에서도 있어 보이고
내 마음 안에서도 '있는!!' 일을 하고 있는 사람이겠죠.

네엣.
내가 하고 있는 일은
혹시 그냥 겉에서만 있어 보이는 게 아닐까?
　　→ 친구들이 "오올~~~"이라고 이야기해 주는데도,
내 일은 알맹이 없이 겉에서만
근사해 보이는 것이 아닐까 걱정이 된다면,
그러한 걱정을 불러일으키는 이유가
반드시 있을 거라고 생각해요.

불안하고 염려가 되어
자신감이 떨어지게 된 이유부터
차근차근 돌아보는 것이 좋을 것 같아요.
내가 어떤 사람의 말이나 행동, 또는 어떤 상황에 대해
특정한 의미 부여를 했기 때문에
흔들리는 경우가 많으니까요.

내 의미 부여가 정말 현실적인 것인지,
아니면 내가 과장하거나 어느 쪽에 치우치게 해석하고 있는
것인지를 찬찬히 살펴보세요.

믿을 수 있는 누군가와 함께 이야기해 봐도 좋아요.
그리고 나서, 내가 하고 있는 일이 정말
밖에서나 안에서나 있어 보이는 일이
아니라는 판단이 들면,

그때부터 나에게 정말 (의미가 있는) 일을 만들어 주기 위해
무엇부터 해야 할까 하는 계획을 세울 수 있게 될 거예요.

상사의 철학과 내 철학이 다른데, 어떻게 해야 하지?

[마음]

솔직히 상사한테
무조건 개기고 싶은 사람이 어디 있겠어.
내 인사고과에 대한 평가권을 가지고 있는 사람이고,
내가 담당할 업무를 배분해 주는
권한도 갖고 있는 사람인데다가,
내가 어딘가 회사를 옮기게 되더라도
평판 체크 연락을 받을 수도 있는 사람이잖아.
당연히 잘 보이고 싶고,
좋은 평가 받고 싶지.
일 잘한다는 말 듣고 싶기도 하고.
그런데 이건 정말, 에휴휴휴휴.
나랑 달라도 너~~~~~~~~~~~~무 다른 거지.
일을 진행하는 방법,
회사 생활을 하는 데 있어서 중요하다고 생각하는 것,
메시지를 전달하는 스타일이나
대화할 때 표현이나 단어를
선택하는 것에서도 그렇게 다를 수가 없다니까.

상사니까 내가 무조건 굽히고 들어가서 맞춰줘야 하나?
언제까지 그래야 하지?
너무 한심한 마음에 말을 섞기가 싫어서 입 다물고 있으면
의욕이 없다고 하고,
뭐라고 좀 말을 할라치면 싸가지 없다고 하고.
내가 정말 못 살아.

[수다]

나이가 들어갈수록,
만나게 되는 사람들과의 관계에서
생기는 고민은
점점 더 다양해지고
점점 더 어려워지죠. ㅠㅠ

게다가,
상대방이
피할 수 없거나
관계를 끊어버릴 수가 없는
사람일 경우에
고민은 더 깊어지기만 할 거예요. :(

'나'라는 한 사람의
인생을 스스로 책임져야 하는
어른이 되면서
받게 되는 숙제 중에는,

나와 잘 맞지 않는 사람들과
같이 어떻게 어울려 살 것인가 라는
아주 큰 주제가 있다고 생각해요.
(하긴, 그런 말이 있잖아요.
연애를 할 때에도
처음에는 나랑 너무 달라서 좋다가,
나중에는 나랑 너무 달라서 지긋지긋하고,
처음에는 나랑 너무 똑같아서 매력적이다가,
나중에는 나랑 너무 똑같아서 싫어진다고 말이에요. ㅎㅎ
나랑 똑같건 다르건 간에
갈등이 생길 수 있는 가능성은 언제든지 존재하는 것 같아요.)

"나랑 안 맞는 상사를
잘 다루려면
제가 말씀드리는 대로만 하시면 돼요.
1단계부터 5단계까지 있어요"라고
자신 있게 말씀드리고 싶은데,
그렇게 말씀드릴 수 없어서 죄송해요. ㅠㅠ.

특히 사람과 사람 사이의 관계에는
영향을 미칠 수 있는 변인들이
너무너무 많아서,
한마디로 딱 잘라서 정답을 마련하기가
정말 어렵더라고요.

다만, 오늘은
이거 한 가지만 생각해 볼 거리로 가져가면 좋겠어요.
어릴 때 보던 만화를 떠올려 보면,

대개 좋은 편과 나쁜 편이
아주 명확하게 나눠져 있었죠.
대개 좋은 편이 예쁘고 잘생겼었고,
나쁜 편은 울퉁불퉁하고 못생겨서
얼핏 보더라도 구분하기가 너무 쉽기도 했죠.
해결하기 어려운 상황이나
어떻게 대해야 할지 모르겠는 상대방에 대해
모 아니면 도 이런 식으로
나누게 되면
머릿속이 더 혼란스러워져서
아무것도 할 수 없게 되는 것 같아요.

상사는 무찔러야 할 적인가,
아니면 나를 도와줄 아군인가.

나와 사사건건 부딪히는 상사에게는
절대 한마디도 지지 않고 개겨야 하는가,
간이랑 쓸개는 출근할 때 집에 놓고 간 다음에
딸랑딸랑 손바닥을 비벼대야 하는가.

우리가 불편한 상황을 계속해서 경험하다 보면,
자꾸만 극단적으로 생각하게 된대요.
매우 비현실적인 생각만 하게 되는 거죠.

상사는 어떨 때에는 적이기도 하고,
어떨 때에는 아군인 사람이고.
부딪히는 상사에게는
고개 똑바로 쳐들고 또박또박 내 주장을 해야 할 때도 있고,

입 다물고 그냥 이야기를 듣고 있어야 할 때도 있고,
상사의 의견에 따라줘야 할 때도 있는 거죠.

사람들은 항상 일관적인 행동을 한다고 믿고 있지만,
실제로는 그렇지 않다고 하잖아요.
고정적이고 변하지 않는 '자기(self)'가 있는 것이 아니라,
상황과 맥락에 따라 골라 쓰는
'자기들(selves)'이 있다는 학자들의 주장이
저는 마음에 들더라고요.

상사와 사사건건 부딪히는
하나의 상황에서,
지금 이 상황을
내가 어떻게 해석하고 행동하는 것이
내가 바라는 조직 생활에 가장 바람직할까,
그리고 현재 상황을 헤쳐 나가는 데에
가장 도움이 될까를 생각하고,
그에 따라 필요한 도구(언어 표현이나 행동)를
고를 필요가 있다고 생각해요.

'나는 이런 사람이니까
항상 이런 행동을 한다'가 아니라,
'이럴 때는 이렇게 생각하기 때문에
이렇게 행동할 거야'가 되겠죠.

그리고 행동을 선택할 때에는
다양한 관점에서 상황을 바라보는 것이
더 바람직하기 때문에,

여러 종류의 사람들에게
피드백을 받아보는 것도 도움이 될 거예요.
동기들,
같은 팀 사람들,
다른 팀 사람들,
선배들,
후배들,
회사 밖 사람들까지요.

마지막으로
제가 아주 좋아하는 만화
『3월의 라이온』의 주인공인
장기기사 레이가
어려운 대국을 마주했을 때
혼자 되뇌었던 말을 선물로 드릴게요.

"호흡은 깊게, 시야는 넓게."
내 눈 앞의 상황은 반드시 다르게 보일 거예요.

회사에서 나는 그냥 하찮은 볼트와 너트같이 느껴져

[마음]

출근 준비를 하다가
문득 거울을 보면,
피곤함에 찌들고 눈이 약간 풀려 있는,
처음 보는 낯선 인간이 있어.
"도대체 넌 누구야? 뭐 하는 놈이야?"라고 물어 보면,
"난 아무도 아니야.
그냥…. 별것 아닌 존재지, 뭐.
비유하자면,
아주 큰 기계를 돌리는 데 쓰이는
아주 작은 볼트와 너트 같은 거?
눈에 잘 보이지도 않고,
너무 많아서 발에 채일 정도고,
한두 개 없어져도 아무도 모르는 존재.
물론 기계를 돌리는 데 있어서
없어서는 안 될 나사일 수는 있겠지만,
언제든지 대체 가능하고,
그 나사 하나만 가지고는

별 의미도 없는 그런 존재라고나 할까?"
이런 대답을 해.
"이렇게 사는 게 맞는 건가?"
큰 회사에서는
원래 모든 사람들이
"그냥 하나의 나사에 불과한 건가?"

[수다]

조직에서 일하시는 분들을 대상으로
강의나 워크숍을 할 때,
저는 처음에 꼭 자기소개를 해달라고
부탁드리는 편이에요.
그런데 이럴 때 공통적으로 나타나는
재미있는 현상이 있어요.

제일 먼저 이야기하는 단어는
'회사명'이구요.
그다음에는 현재 소속된 '부서명',
그다음에는 현재 담당하고 있는 '일'을
주로 이야기하세요.
그리고, 이 강의에 왜 오게 됐냐면,
본인이 원했던 것은 아니고,
회사에서 가라고 해서 온 거라고
쑥스럽게 웃으면서 말하시죠.

본인의 성함은 언제쯤 얘기하실 건가 하고
조마조마하며 기다리고 있으면,
아니나 다를까 뒷머리를 긁적이며
그냥 자리에 앉아버리시는 바람에,
제가 허둥지둥 "성함은요? 성함도 얘기해 주세요"라고 하면,
그제야 "어, 내가 이름을 얘기 안 했던가?"라는
표정으로 일어나서서
"ㅇㅇㅇ입니다"라고 마무리하시는 것을
종종 봅니다.
말소리의 크기에서도 차이가 나곤 합니다.
회사 이름이과 부서 이름을 이야기할 때에는
매우 크고 또렷하게 발음을 하는데,
정작 마지막에 자신의 이름을 말할 때에는
입안에서 웅얼웅얼 거리는 통에,
제가 "잘 못 들었습니다. 다시 한 번요?"라고
되물을 때가 많아요.

회사를 다니다 보면,
'나 = 회사'인 것처럼
소개할 때가 꽤 많죠.
나라는 사람은
독특한 특성과 니즈를 가진
독립적인 존재인데도,
자꾸만 자기소개를 할 때
회사를 더 앞세우고 '나'를 뒤로 빼는 것을 보면요.

회사 생활을 한다는 것은
사람을 고용하고 싶은 니즈가 있는 회사와

조직에 고용되어 일을 하며 돈을 벌고, 사람들을 만나고,
성장하고 싶은 니즈가 있는 내가
계약을 해서 함께 살아가는 것을 의미한다고 생각해요.
그러니까 당연히
회사의 정체성과 존재감이 있고,
나의 정체성과 존재감이 있어야
계약이 가능한 거죠.
내가 이 회사에 들어와서 하고 싶은 것이 뭐지?
내 전체 인생 중에
여기서부터 여기까지의 기간 동안은
이 회사에서 일을 할 건데,
그 기간 동안 나라는 존재는
어떤 목표를 가지고
어떤 가치를 만들어 나가기를 원하는 거지?

이와 같은 문제에 대한 해답은
아무리 경험이 많은
회사의 상사, 선배라도
가르쳐 줄 수가 없다고 생각해요.
오직 나만이
나에게 찾아 주고 만들어 줄 수 있는
나의 과제인 거죠.

"'나'라는 사람은 없어진 것 같아.
회사라는 기계를 돌리는
볼트와 너트로 살고 있는
기분이 들어서
영 힘이 나지 않아.

도대체 나는 여기서
뭘 하고 있는 건가 싶고"
라는 투덜거림이 마음속에서 들린다면
아주 아주 명확한 발음으로
자신에게 이야기해 주세요.
"어? 나는 볼트와 너트가 아닌데?
잘못 생각하고 있는 거 아냐?
내가 회사에서 하고 있는 역할은
○○○이고, 그건 회사나 우리가 살고 있는 사회에
○○○라는 좋은 영향을 미칠 수 있는 일이고,
내가 원하는 나의 성장과 내 개인적인 목표에
○○○라는 중요한 영향을 줄 수 있는 일인 건데?"
라고 말이에요.

제가 어릴 때 아주 좋아했던
미하엘 엔데의 『모모』라는 소설이 있어요.
그 소설을 보면,
사람들이 가지고 있는 시간의 꽃을 빼앗아가서
딱딱하게 말려서 담배로 치우면서
목숨을 연명해가는 회색 인간이 나오죠.

회색 인간의 전략이 바로 그거였어요.
누구든지 살다 보면
'내가 지금 인생을 헛살고 있는 건가?
나는 그냥 하찮은 삶을 꾸려가고 있는 건가?
그냥 시간이 흘러가는 대로
버티고만 있는 거 아닌가?'라는 생각을
한 번씩 할 때가 있잖아요.

그때 바로 회색 인간이 귀신같이 나타나서,
"당신의 시간을 저금해 드리겠습니다!
쓸모없는 일을 하는 시간을 모두 아껴서 저금을 한다면,
나중에 나이 들었을 때 그 시간을 다 돌려받게 됩니다!"라고
사기를 치죠.
물론 회색 인간은 완전 나쁜 놈들이었고,
그 인간들이 하는 말은 완전 사기였어요.
사람들은 자신의 생각과 마음을 모두 잃어버린 채로,
기계적으로 더욱 더 일을 많이 하기 위해 애를 쓰고,
어느새 회색 인간의 얼굴과 같이
회색빛 얼굴이 되어 버리죠.

그때 사람들을 도와줄 수 있는 유일한 사람이
바로 '모모'라는 작은 여자아이였어요.
시간을 관장하는 박사님을 만나고,
사람들이 가지고 있는 시간의 꽃이
얼마나 아름답고 가치가 있는 것인지를
보고 오게 되지요.

그런데, 아직 너무 어려서
그 시간의 꽃에 대한 이야기를
사람들에게 해줄 수 있는 능력이 부족했어요.
그래서 박사님은 모모를 1년 동안 재우면서,
그동안 몸속에서
조금 더 성숙한 말의 표현이
자라날 수 있도록 도와줍니다.

물론 모모가 깨어난 다음에는,

회색 인간들을 용감하게 물리치고,
사람들에게 시간의 꽃이 가지고 있는
아름다움에 대해 멋진 노래를 들려주지요.
모모의 이야기를 기억하면서,
내 모습을 한번 돌아보기를 권하고 싶어요.

요즘 손끝 발끝에서 하염없이 기운이 빠지고 있는데,
혹시 나도
내가 만들어 낸 회색 인간을 만난 후에
회색빛 얼굴이 되어 가고 있는 건 아닌가라는 생각도,

모모가 1년 동안 잠을 자면서
노랫말을 만들었듯이
나도
내 일이 가지고 있는,
내가 만들어 가고 싶은 가치에 대해 설명할 수 있는
능력을 지속적으로 노력해서 키워가야 하는 게 아닌가라는
생각도 이번에 한번 해 보면 어떨까요?

주위에서 어떤 부정적인 자극이 오더라도,
어렵고 어려운 상황을 만나게 되더라도,
내가 가지고 있는 가치와 자원에 대해
맑은 목소리로 노래할 수 있는
모모와 같은 행동을 계속해서 연습한다면,

나뿐 아니라 주위 사람들이
회색 인간화되는 것을 막는 데에
도움을 줄 수 있을 거라는 생각을 해 보았습니다.

> **나는 일하면서 이런 걸 배우고 싶었는데,
> 생각했던 것과 달라**

[마음]

누구든지 그렇잖아.
직업을 갖게 되고, 직장에 다니게 되고, 일을 하게 되면
아마 이렇게 살게 되지 않을까 하는 생각을 하게 되잖아.
회사 출입증 목에 걸고 스타벅스 그란데 하나 손에 들고
친절하고 다정한 동료들과 즐거운 담소를 나누는,
그런 CF 같은 장면을 상상했던 것은 물론 아니지만.
나는 일을 하게 되면
많은 것을 배울 수 있을 거라고 생각했었거든.
학교 다니면서 배우는 거야 일반적인 이론을 익혔던 거고.
업무 현장에 가면 정말 몸으로 직접 뛰면서,
분야 전문가인 상사, 선배들로부터
현재 이 분야에서 가장 트렌디한
최신 지식과 스킬을 배울 수 있을 거라는 기대가 있었어.
그런데, 요새 나는 여기서 뭐하고 있나 싶어.
학생 때보다 더 성장했다는 느낌은
요만큼도 느끼지 못하고 있고.
'저 사람처럼 되고 싶다'라고 생각되는 상사나 선배는

눈을 씻고 찾아봐도 하나도 없다니까!
뭘 가르쳐 주지도 않고, 그냥 해 보라고 일을 던지는데다가,
너는 왜 생각을 하지 않고 알려 달라고만 하느냐고
맨날 구박하고 핀잔주는 사람들만
주위에 널려 있다고. 에휴휴.

[수다]

어떻게 하면
계속해서 배움을 이어가서
나를 더 성장시킬 수 있을까
고민하는 모습이 참 좋아 보입니다. ^_^

보다 더 성숙하고 역량 높은
나를 키워보고 싶은 욕심도 있고,
내가 하고 있는 일을 통해
뭔가 만들어 보고 싶다는 마음도 크니까
지금과 같은 고민도 하게 되는 거라고 생각해요.

일단 그 어렵다는 취직을 했으니까,
"아~ 이제 내가 할 일은 다했어!
지금부터는 젖은 낙엽같이
회사 바닥에 찰싹 달라붙어서,
뭐라고 잔소리 듣지 않을 만큼
최~~~~~~소한의 일만 하면서
맘 편하게 회사 생활해야지"라고 생각하는 분들보다

훨씬 훨씬 훨씬 더 풍요로운 삶을
살아갈 수 있는 가능성이 높은 분이라고 생각해서
많이 많이 응원해드리고 싶었습니다. ^__^

요새 기업 관리자를 위한 리더십 강의나 코칭 때
'일터에서의 배움'에 대한 시각에서
세대 간 차이가 존재한다는 이야기를 하고 있어요.

젊은 세대의 입장에서는
직장에서도 지속적인 성장이 이루어질 수 있도록
기회도 제공해 줘야 하고, 환경도 조성해 줘야 한다고 생각하죠.
그러기 위해서는 가르쳐 주고 지도해 주는
상사와 선배의 역할이 매우 중요하다고 보는 것 같아요.
물론 외부 교육을 받을 수 있는 기회도
아주 가치 있게 생각하고요.

뭔가를 정확하게 배워야만 일을 잘할 수 있다,
잘 모르는데 무모하게 뛰어들어서 일을 하기는 어렵다,
안 가르쳐줬는데 어떻게 일을 하냐,
그리고 상사가 원하는 바가 있으면 그걸 알려주면 되지,
왜 나보고 생각해 보라고 하는 거냐,
똥개 훈련시키는 거냐라는
이야기도 자주 하시더라고요. ㅜㅜ

그런데 기성세대의 시각에서는
일단 누가 뭘 가르쳐주는 것은
학교로 끝났다고 보는 경우가 많아요.
직장에 들어왔다는 것은 자신이 가지고 있는 자원을 가지고

일을 해서 돈을 벌기 위해서이니까,
조직에서 기대하는 만큼 성과를 내기 위해
일을 하는 것이 우선이고,
그 과정에서 본인의 역량이 부족하다고 느낀다면
그것은 스스로 배우고 익혀야 한다고 생각하죠.
우리 때는 누가 이렇게라도 가르쳐 준 줄 아냐.
그야말로 선배 어깨 너머로 배웠고,
모르면 선배 따라다니면서
술 사주면서 가르쳐 달라고 졸랐다는 이야기도 하세요.

어느 쪽이 맞다 틀리다라고 이야기할 수는 없을 것 같아요.
각자 살아온 시대가 다르고,
가지고 있는 가치관도 다르니까요.
어떻게 해야 학습과 성장이
가장 효과적으로 이루어질 수 있는지에 대한
생각은 모두 다를 수밖에 없죠.

하지만 중요한 것은
시각이 다른 두 세대가 같이 어울려서
일을 해야 하는 상황에 있다는 사실로 보여요.
그렇다면, 양쪽 모두 어느 정도,
기존에 하지 않았던 움직임이 필요하다고 생각해요.
자기자리를 굳건히 고수하고 서서,
상대방에게만 움직여서 '네가 나한테 맞춰'라는 태도는
매우 비효과적인 경우가 대부분이라서요. ^^a

기성세대 관리자들에 대해서는
이제 일을 던져주고 평가만 하는

판사의 역할을 넘어서서,
같이 공부하고 의논하고
성장 과정을 도와줄 수 있는
코치·멘토로서의 역할이 필요하다는 요구가 많아지고 있어요.

그래서 새로운 행동을 연습하시는
관리자들도 점점 늘어가고 있고요.

그렇다면, 우리 젊은 세대 입장에서는
어떤 새로운 시도를 하면 좋을까요?

우리가 가지고 있는 특성이나 상황에 따라
이야기가 매우 달라지긴 하겠지만,
가장 공통적인 것을 생각해 보면,
효과적인 가르침과 지도를 받을 수 있기 위해
준비 태도를 갖추는 것이 아닐까 싶어요.

"나는 아무것도 하지 않을 테니
당신이 나에게 떠먹여 주세요.
그러면 내가 받아먹어 주죠.
당신이 내 상사잖아요.

나는 아직 이 일에 대해 배운 적이 없어서
할 수 없어요.
배워야 일을 할 테니 나에게 알려주세요.
나는 스스로 알아볼 생각이 없어요.
리더면 리더답게 월급 값을 하세요."

이렇게 예의와 성의가 없는 태도로
비난받는 젊은 세대들이 간혹 계셔서,
나이가 비슷하다는 이유만으로
우리도 비난받을 때가 종종 있죠. ㅠㅠ

지금 내게 맡겨진 일을 하기 위해서는
어떤 지식, 기술, 태도 등을 포함한 '역량'이
필요한지에 대해 고민해 보고,
주위의 조언을 구하고,

나 나름대로도 공부를 하고
상황을 파악해 보려 애쓰면서
"이런 것이 부족한데 좀 도와주세요,
이렇게 생각해 봤는데 이건 어떨까요" 하며
조력자로서의 도움을 구하는 태도가
가장 효과적인 것 같더라고요.

내 목적이 상사와 선배에게
지도를 받는 것이라면,
효율적인 방법으로 도움 요청을 하는 것이
그 목적을 달성하는 데에
가장 필요하겠지요.

일터에서
어떤 식으로 배우고
성장해나가면서 일을 할지에 대한 방법은
상사와 선배와 후배가 함께
반드시 논의해야 하는

중요한 주제니까요.
현재 느끼고 있는 불편감을
믿을 만한 선배들과 나눠 보고,
조언도 받아보아도 좋겠어요.

이 모든 것들이
땅 짚고 헤엄치는 것만큼 쉬운 일은 물론 아니지만,
이러한 과정을 통해
내가 바라는 대로 성장할 수 있을 확률은
훨씬 더 높아질 거라 확신합니다.

> 나한테는 충분히 의미 있는 일인데,
> 주위에서는 "어서 돈 벌어야지"라고 말해

[마음]

내 나름대로는 꽤 주관을 가지고
꿋꿋하게 살아가고 있다고 생각해 왔는데,
요새는 좀 흔들리는 것 같아.
가끔씩 혼란스러울 때가 있어.
뭐 요새 젊은 세대에게 열정 페이를 일방적으로
요구한다는 안 좋은 이야기도 있고,
회사로부터 착취를 당하는 사축(회사의 가축)이
되지 말아야 한다는 이야기도 하잖아.
나도 당연히 동의해.
하지만, 상황이 좀 다른 경우도 있지 않아?
내가 일을 선택할 때에는
내가 중요하게 생각하는 의미나
앞으로의 성장 가능성을
가장 중요한 기준으로 삼는 편이거든.
지금 하고 있는 일도 그래서 고른 거고,
만족하며 열심히 다니고 있어.
그런데 주위 어른들이나 가족들은

"왜 그렇게 돈 안 되는 일을 하고 있냐,
돈 많이 벌어서 집도 사고 차도 살 수 있는 일을 해야지"라는
이야기를 내 얼굴 볼 때마다 하셔. 내 참.
"왜 나를 이해해 주는 사람은 아무도 없지?"
"내 생각이 혹시 잘못된 건가?"

[수다]

'어떻게 살 것인가'에 대한 이야기는,
친한 친구와 머리 꼭대기까지
술을 퍼마시고
제정신이 아닌 상태에서 이야기를 하든지,

아니면 아침에 샤워를 하다가
문득 머리 저 깊은 곳에서
들려오는 질문에 깜짝 놀라든지 간에,
정말 어렵고 어렵고 어려운 이야기지요.

게다가 내가 사랑하고 의지하는 사람들이
삶을 살아가는 올바른 방법에 대해
나와 다른 이야기를 한다면
그 어려움은
어떤 말로도 표현할 수 없을 정도로
클 거예요. ㅠㅠ

저는 내가 일에서 얻고 싶은 것이
무엇인지를 명확하게 이야기하시는 모습이
참 보기 좋았고 부러웠어요.
우리가 일에서 얻을 수 있는 것은
생각보다 여러 가지일 수 있는데,
많은 사람들은 '돈'이 유일하고도
절대적인 일의 가치로 오해하고 있는 경우가
많아서요. ^^a

나를 성장시킬 수 있고,
내가 기대하는 의미를 얻고자 하는,
일에 대한 자신의 가치관이 확고하다면,
그 일을 하는 것이 정답이라고 생각해요.

주위에서 들려오는 목소리들을
어떻게 처리할 것인가의 문제가 남았을 거예요.
나한테 별 의미가 없는 사람이라면
그냥 콧방귀 뀌고 무시해 버리겠지만,

나를 아껴주시고 내가 잘되었으면 하는 마음으로
내가 소중히 여기는 분들이 하시는 말씀이니까,
소홀히 할 수도 없고 말이에요. ㅠㅠ

하나의 의사 결정을 하는 데 있어서
다양한 관점에서 이야기를 들어 보고,
여러 사람들의 시각을 활용하는 것은
매우 생산적이고 바람직한 활동이라고 생각해요.
그러니까 주위 분들의 이야기에

귀를 기울이는 것 자체는
나에게 도움이 되는 것이라고 할 수 있을 거예요.

문제는, 그 다음 단계.
나에게 들어온 많은 정보들을
어떻게 소화해서 내 것으로 만들 것인가인 거죠.

내가 충분히 흔들리지 않을 자신이 있다면,
참고 자료로 머리 어딘가에 넣어 놓으시길 권하고 싶어요.
지금은 아니지만, 또 다른 중요한 의사 결정을 해야 할 때
쓸 수 있을 것 같거든요.

그런데 그게 아니라 주위의 조언을 들을 때마다
너무 흔들려서 현재의 일에 집중하기가 너무 어렵다면,
정중하고 예의 바르게 주위 분들께 부탁을 드려서
정보의 유입 경로를 차단하는 것도
하나의 방법이 되리라 생각해요.

지금 해주시는 말씀이 너무나 감사한데,
제가 집중하고 뭔가를 해 보는 것을
오히려 어렵게 만든다고.
제가 도움이 필요하면 말씀드리겠다고.

지금 제가 원하고 실험해 보고 있는 것은
이거라고 생각한다고 설명해드리고요.

그런 얘기 좀 그만해!
뭘 안다고 그래!
라고 팩! 화를 내게 되면,
어른들 입장에서는
'저 녀석 아직 어린애구나'라고 생각하시고,
더 폭풍 조언을 쏟아 부으실 가능성이 있거든요. ㅠㅠ

의젓한 어른으로서 생각해 봐야 할 것들을
다 점검해 보고 있다는 것을
이야기와, 표정과, 몸짓을 통해
전달하는 연습을 해 보시길 바라요.
나를 한 단계 더 성장시키는 데에도
큰 도움이 될 거예요.

> **평생 할 일을 한 가지만
> 정해야 하는 걸까?**

[마음]

서양 사람들은
성(family name)만 보면
그 가문이 처음 시작했던 일을 알 수 있다고 하잖아.
바로 옆 나라인 일본에서도
할아버지가 했던 일을 아버지가 이어 받고,
명문대 나와서 대기업 다니던 아들이
회사 그만두고 와서 가업을 잇는다는 이야기도 하고.
나는 그런 게 좀 좋아 보이더라고.
하나의 일을 그렇게 가족이 쭉 이어가고,
나도 평생을 바쳐서 대가로 성장해 가는 거 말이야.
우리나라는 뭐 그런 문화는 아니지만,
그런 것 같이 나중에 내가 뭐하면서 살았지 할 때,
"그 사람은 ㅇㅇㅇ 일을 했던 사람"이라는
이야기가 탁 나와야 하는 건가라는 생각이 들어.
그러려면 결국 평생 하고 살 일을
한 가지 정해야 한다는 얘기인데.
그러자니, 직업을 선택한다는 것이

너무 무섭게 느껴지는 거 있지.
정말 옛날 분들 말대로
순간의 선택이 평생을 좌우하는 거 아냐.
한 분야에 발을 들여놓으면 다시는 못 바꾸는 건가.
솔직히 내가 하고 싶은 게 많긴 한데.
주된 일로 삼는 것은 꼭 하나여야 하는 건가?

[수다]

글쎄요….
솔직히 잘 모르겠어요(긁적긁적).

제가 코칭·상담을 하면서
가장 어렵다고 느끼는 질문이
방금 하셨던
"○○○일 때는 ○○○○해야 하는 건가요?"라는
질문이거든요.

이 상황에서는 어떤 것이 정답인건가,
이건 맞고 저건 틀린 건가에 대한
이야기는 항상 너무나 어려워요.
저도 잘 모르겠거든요. 사실. ㅠㅠ

제가 대학교 1학년 때
독서 토론 동아리에 들어갔었는데요.
역사책에 대한 토론 시간이었는데,

도대체 선배들이 뭔 소리를 하는 건지
하나도 못 알아듣고 앉아 있다가
겨우겨우 용기를 내어
한 가지 물어봤던 기억을 아직도 갖고 있어요.
"그러면 절대적인 진리라는 건 없는 건가요?"
선배들이 그런 건 없다고 하더라고요.

물론 사람들이 어울려 사는 세상에 있어서
확실히 옳고 틀린 것은 있다고 생각해요.
아무리 화가 난다고 해서 상대방을 때리는 거,
아직 자신이 힘이 없는 아이들을 착취하는 건 틀린 거구요.
누군가를 도와준다는 것은 옳은 일이죠.
물론 본인 코가 석자인 상황에서
본인의 가정을 돌보지 않고
돈까지 꿔서 남을 도와주는 것은
옳다고는 할 수 없을 거예요.

이렇다니까요. 완전 옳고 틀리다고
자신 있게 외치기는 좀 어렵다고 생각해요. ㅠㅠ

자, 얘기가 좀 돌아왔지만,
다시 정신을 차리고! ^^

"○○○여야 하는데(MUST/HAVE TO)"라는
당위 명제를 하나 정해 놓고,

"내가 그 내용에 맞지 않는 건가?"
생각하기 시작하면
정말 많이 불안해지죠.

"어디서부터 잘못된 거지?"
"뭐부터 손을 대서 고쳐야 하는 거지?" 하는 마음에
생각도 제대로 할 수 없게 되는 경우가 많아요.

그보다는
'하고 싶은 것/원하는 것(WANT/WISH)'에
초점을 맞춰 보시기를 권하고 싶어요.
결국 어떻게 자신의 삶을 꾸며 나갈까에 대한
문제에 있어서는
모든 사람들에게 일괄적으로 적용할 수 있는
황금열쇠, 만능열쇠 같은
정답이 있는 것 같지는 않으니까요.

'어떤 일을 할 것인가'의
직업을 선택하는 문제는
내가 살고 싶은 삶을 만들어 줄 수 있는
도구를 고르는 거라고 생각해요.

직업을 바꾸게 되더라도,
직장을 옮기게 되더라도,
내가 왜 그런 행동을 하고 있는지
나에게 정확하게 설명할 수 있다면,
그리고 나의 변화 행동들을 보았을 때,
내가 추구하는 가치관에

모두 관련된 행동들이라면,
성공적인 삶을 살고 계신 분이라고
말씀드리고 싶어요.

우리가 기존에 받아왔던 진로 교육에서는
직업명을 선택하는 것이
가장 중요한 일이라고 강조했었지요.

그런데 요새 조금 더 발전한 진로 교육에서는
그 직업을 통해 이루고 싶은 것이
무엇인지에 대해 생각해 볼 것을 강조해요.
똑같은 직업을 가진 사람이라도,
개인적인 인생의 목표는 다를 수 있고요.

전혀 다른 직업을 가진 사람이라도
비슷한 유형의 가치관을 가질 수 있는 거니까요.

"보통 사람들은 이럴 때 어떻게 해요?"라는 것을
알아보는 것도 나쁘지 않지만,
'나'라는 존재가 뭘 원하는지,
뭘 하고 싶은지에 대해
스스로와 대화해 보는 시간을 많이 가져보시길 바래요.

이때 나오는 대답은
'특정 직업의 이름'이 아니라,
'내가 살고 싶은 인생의 모습'에 대한
그림이었으면 좋겠습니다.

나는 왜 이렇게까지
일하면서 스트레스를 받을까?

[마음]

스트레스라는 거 말이야. 과연 내가 감당할 수 있는 걸까?
그리고 다들 스트레스는 받으며 살잖아?
근데 언제까지 이렇게 스트레스에 파묻혀 살아야 하는 것일까?
어느 정도는 참을 만했어. 스트레스 받으면 먹거나 술을 찾거나 사람을 찾거나 뭐라도 했지.
근데 점점 감당이 안 되는 게 뻔히 내 눈에도 보이기 시작해.

사실 이 일은 내가 원했던 일도 아닌데…
내 전공과도 거리가 먼 일인데….
과연 이렇게까지 스트레스 받으면서 이 일을 계속해야 하나?
이런 생각들이 나를 더 괴롭게 만들어….
게다가 박봉이기까지 한 이 일!
참으로 의미를 찾으려야 찾을 수가 없어.

또 한 가지, 나를 더 힘들게 만드는 건 바로 나 자신이야.
언제나 완벽함을 추구하는 나. 완벽하지 못한 나 자신을 보는 것이 사실 더 힘들어. 왜 난 이것밖에 못하지? 자책의 연속..

분명 완벽하게 해낼 수가 없는 '상황'인걸 머리로는 아는데
그래도 완벽해야 한다는 생각을 버릴 수가 없어 힘들어.
이렇게 자책하며 괴로워하는 나에게도 지쳐가….
이게 이렇게까지 스트레스받을 일인가? 싶기도 해.
다들 이 정도는 감당하면서 일하는 거 아닌가?
나만 유난 떠는 거 아닌가 걱정돼.

[수다]

내 안에서 내가 괴롭다고 말하고 있는데
이 괴롭다고 말하는 내가
'유난 떠는 게 아닌가?' 싶은 마음이 든다면…

이 마음을 느끼는
내 안에서 괴롭다고 말하는 내가
참 섭섭하지 않을까
하는 생각이 들어요.

사실 내가 통제할 수 없는 스트레스가 많다면
당연히 괴로운 게 맞는 것 같아요.

한편으로는 왜 이 상황에 머물러 있나?
내 자신이 답답해 보일 수도 있을 것 같아요.

그렇게 괴로운 나 자신을 바라보면 어떤 생각이 드나요?
나 자신을 둘러싸고 있는 환경을
타인의 상황이라고 생각하고
관찰해 보는 시간이 필요해 보여요.

이러한 상황적 제약조건이 있음에도 불구하고
'완벽한 나를 기대하는 나'는
"어떤 마음일까요?"
"어떤 마음이길래 그런 마음이 들까요?"
"완벽한 나만 수용하고 싶어 하는 나의 마음은
어디서부터 온 걸까요?"
혹시 무의식 중에
"(어떠한 상황이라도) 내가 모든 걸
다 통제해야 한다고 생각하는 건 아닐까요?"

"내가 통제할 수 없는 것에 대해서
나에게 책임을 묻고 있는 건 아닐까요?"

내가 모든 걸 다 통제할 수 없는 환경에 있음에도 말이죠.

만약 내가 나를 지나치게 가혹하게 평가하고 있다면
때로는 내가 나에게 관대하게 말해줄 때도
필요하다고 생각해요.

'언제나 나에게 가혹한 잣대를 들이밀고 있는 건 아닌지?'
내가 나를 바라보는 시각을 함께 점검해 보면 좋겠어요.

내가 할 수 있는 부분과 내가 할 수 없는 부분을 구분하는
연습도 도움이 될 거예요.
내가 할 수 없다고 느끼는 부분이 있다면
그 이유를 충분히 들어보고, 알아주는 것도 도움이 되니까요.

무조건 해야 한다,
무조건 다 잘해야 한다,
무조건 완벽해야 한다!
라고 나에게 가혹한 말을 계속해서 던지는 것보다는

현재 상황에서 내가 할 수 있는 건 무엇이며
더 잘하고 싶다면 그러기 위해서 무엇이 필요한지?
어떤 작업을 하면 잘할 수 있을지에 대해
찬찬히 계획하는 작업에 집중해 보는 시간을
가져보면 좋겠습니다.

계획한 대로 실행한 후,
계획대로 결과물이 나왔는지 점검하고
스스로에게 피드백을 하는 과정은
성과를 만들어내는 데 있어서도 매우 중요하니까 말이죠.

이것이 바로 나의 성과에 대해
객관적으로 피드백 하는 연습이에요.
내가 그토록 원하는 '일 잘하는 나'를 만들 수 있는
보다 현실적인 방법이에요.

어떠한 행동과 결과를 만들어 낸 '나 전체'를
평가자의 시선으로 보는 것이 아니라,

'행동' 하나만을 놓고 관찰자의 시선으로
그 행동에 대한 냉철한 피드백을 건네 보는 것이에요.
분명 잘한 점도 있고, 아쉬운 점도 있을 거예요.

세상에!
우리가 어떻게 모든 걸 완벽하게 잘해낼 수가 있겠어요? :)

종합적으로 나의 행동에 대해 평가해 보고,
아쉬운 점은 그 원인을 분석해서
다음에 더 나은 행동을 하기 위한 데이터로
활용하는 방식으로 바꾸어보면 어때요.

이편이
'완벽하지 못한 나'로 '스트레스를 받는 나'로 사는 것보다
더 효율적이고 효과적인 방법 아닐까 생각이 들어요.

그리고 또 한 가지 꼭 전하고 싶은 이야기가 있어요.
만약 지금까지 나에게
지나치게 가혹한 잣대를 겨누고 나를 괴롭혀왔다면
그런 나에게 (마음의) '네온사인' 하나를 선물해서
갖고 다니면 좋을 것 같아요.

이를테면 이렇게 적힌
나만의 네온사인을 만들어보는 것!

"이 정도면 됐어♡"

내가 이 정도의 결과물을 냈다면
다 그럴만한 과정과 사정이 있었을 거예요.

다음번엔 더 잘하기 위한 방법에 집중하되,
지금 여기에서는, 이만큼 한 나를

충분히 다독여 주었으면 좋겠어요. ^^

우리 함께 연습해 봐요.

혹시 이런 나 번아웃증후군(소진증후군)이 아닐까?

[마음]

언제부터 내가 이랬지?
내 성격이 이렇게까지 까칠했었나?
어느샌가 예민하게 변해가는 내 성격 문제가 있어 보여.
회사 들어가기 전에는 안 그랬는데?
언제부터 이렇게 예민해진 거지?

사실 내가 회사에 가는 이유는 가야 하기 때문에 가는 것 같아.
맡은 업무를 내팽개칠 수는 없기에 꾸역꾸역 일하고 있지만
머릿속은 늘 복잡해.
과연 내가 이 일을 계속해야 하는 게 맞나?
여기서 이렇게 계속 열정을 부을 가치가 있을까?
정작 회사에서 내가 배우고 싶었던 걸
배우지는 못하고 있는 지금, 과연 이게 맞는 걸까? 생각뿐이야.

또 하나 맘에 안 드는 사실은
최선을 다해서 일한 것도 아닌데
일을 마칠 때가 되면 완전히 지쳐있다는 사실. 몸도 마음도.

그리고 이 지친 마음을 달래기 위해서인지
늘 퇴근 후면 술과 기름진 음식을 찾게 돼….
도대체 언제까지 이렇게 괴롭게 일해야 하지?
'결국 퇴사가 답인가?'
라고 생각하며 이직을 고민하고 있는 나를 발견하는 요즘.
"혹시 이런 나 번아웃증후군(소진증후군)에 걸린 게 아닐까?"

[수다]

회사에 가서 열심히 일할 의욕이 나지 않는데
매일 그 회사에 가야 한다면
정말 괴로울 것 같아요.

입사 당시,
이 회사에 가면 이런 걸 배우겠구나!
기대했던 것마저
얻지 못하는 회사라면 더욱더 괴롭겠죠 ㅠㅠ

문제는 이렇게 괴로운 상태에서
나를 돌보는 에너지를 쓰지 않음으로 인해
(의심하시는 것처럼) 번아웃(소진) 상태까지
갈 수 있다는 점이에요.

번아웃 상태가 되면 여러 가지 모습이 나타나요.
한번 나의 현재 모습과 가까운 지 살펴보면 좋겠어요.

일단 내가 맡은 일을 수행하는 것 자체가
매우 힘들다고 느껴져요.
마음이 매우 지쳐 있기 때문이죠.
이런 상태에서 꾸역꾸역 일하고 나면,
일을 마칠 때쯤엔 완전히 배터리가 방전되고 말죠.
이렇게 집에 돌아와 잠자리에 들게 되면, 머릿속에서는
내일 아침 또 출근을 해야 한다니
생각만 해도 피곤하고 머리 아프기 일쑤죠.

일단 이런 상태가 되면 '일하는 것' 자체에 대해
생각하는 것만으로도
마음이 부담과 긴장을 느끼게 돼요.

일 자체에 몰입하기보다는,
부담감으로 일을(시간을) 때우게 되는 날이 점점 늘어가고,
자연스럽게 일에 있어서도 재미를 느끼기 어려워지죠.

이렇게 재미없는 일을 반복하게 되면
일이나 회사에 대해 생각하는 것 자체가
매우 큰 스트레스 자체가 되고요.

이렇게 큰 스트레스의 원인이 되어 버린
나의 '일'에 대해서도 자신감이 떨어지고
갖가지 부정적인 생각들이 들게 되겠죠.

"내가 온 힘을 다해 일할 필요가 있나?"
"어차피 내가 해 봤자 티도 안 나지 않나?"

이렇게 일로부터 받은 스트레스를 풀기 위해
몸에 해로운 음식이나 충동구매 등
순간적인 쾌락을 느낄 수 있는 행위에 몰입하게 되면서
점점 생활에서도 불균형이 나타날 수 있어요.

대표적으로 짜증이나 불안이 많아지고
여유가 없어 보이는 모습으로 관찰된답니다.

혹시 오늘의 나와 비슷한 점이 있으신가요?
구체적으로 어떤 모습이 비슷하다고 느끼시나요?

나는 언제부터 이렇게 지쳐 있는 상태였을까요?
그 시작점으로 돌아가서 생각해 볼 필요가 있을 것 같아요.

일터에서 바짝 긴장을 해서 집중을 해도
성과를 내기란 쉬운 일이 아닌데…
심적으로 신체적으로 내가 지쳐 있다면
당연히 일터에 가는 것 자체가 더 괴롭고 힘든 일이 되겠죠.

이미 내가 예전과는 다르게 예민해지고 있다는 걸 발견했다면
지금, 잠깐이라도 멈춰, 나를 챙기는 시간을 가졌으면 합니다.

이렇게 지친 상태에서 쉬지 않고 달리기만 한다면
나는 어떻게 될까요?
내가 바라는 결과를 얻을 수 있을까요?

이런 상태로 장기간 신체·심리적 스트레스가 쌓였을 때
우리는 소진증후군을 경험할 수도 있다는 점을
기억하기로 해요.

'내가 괜히 과도하게 불평하는 건 아닐까?'라고 생각하며
'참기'만을 반복한다면

내가 불편하게 여기는 상황은 그대로인 채
나의 신체·심리적 상태는
점점 더 건강을 잃어갈 수 있다는 점도 기억하기로 해요.
내가 현재 괴롭다고 느낀다면
그 원인을 정확하게 찾아보면 좋겠습니다.

감정적인 이유 말고도,
이 상황에서 내가 괴로운 원인을
종합적으로 분석해 보는 것.
"내가 근거 없이 불평을 하고 있을까요?"
"정말로 내가 노력해도 바꿀 수 없는 스트레스 원인이
존재하는 건 아닐까요?"
현재 나의 상태를
객관적으로 분석해 보는 시간을 가져보면 좋겠습니다.

내가 이 상황에서 활용할 수 있는 자원이 무엇이 있는지,
나는 적절하게 대처하고 있는지 분석해 보는 것이
힘든 감정으로부터 거리를 두는 데 도움이 돼요.

스트레스 원인은 그대로 두고,
잠시 회피하거나 소극적으로 철수해 버리진 않는지
문제 상황을 그대로 두고 있는 나의 행동 패턴은 없는지
있는 그대로의 나의 모습을 찬찬히 살펴보면 참 좋겠습니다.

만약 내가 적극적으로 대처하지 않아 왔다 하더라도 괜찮아요.
지금부터 해 볼 수 있는 행동은 무엇이 있는지
계획해 보면 되니까요.

현재 나 혼자만의 힘으로 해결이 불가능한 상황이라면
현재 나에게 도움을 줄 수 있는 사람이 누가 있는지
찾아보는 것도 큰 도움이 돼요.
모든 걸 나 혼자 할 순 없는 거니까요.
혼자 모든 걸 하기엔 내가 너무 버겁잖아요. : (

그리고 내가 불필요한 생각을 반복하며
나를 괴롭히고 있는 건 없는지
평소에 나는 나랑 어떤 대화(self-talk)를 하고 있는지,
주의를 기울여보는 연습도 도움이 돼요.

내가 나에게 지속적으로 어떤 메시지를 주고 있는지
좋은 것은 주고 있는지
나쁜 것만 주고 있는 건 아닌지
나의 뇌는 계속해서 지친 상태로
부담만 가지고 24시간 on되어
긴장하고 있는 건 아닌지
언제 제대로 푹 쉬어 봤는지….
머리를 잘 비우는 방법에 대해서,

어떻게 쉬어야 하는지에 대해서도
지금 잠시 생각해 보면 참 좋겠습니다.

24시간 긴장하지 않고도
나를 안심시킬 수 있는 방법을
나에게 만들어주면 참 좋겠습니다.

지금까지 긴장하며 열심히 살아온 나를 보살펴 주는 작업.
지금, 함께 시작해 보면 참 좋겠습니다.

한 우물만 파야 성공하는 것일까?

[마음]

나는 싫증을 금방 느끼는 타입이야.
그래서 커리어도 굴곡이 많은 편이지.
나는 언제나 다양한 일에 관심이 많아.
그리고 다양한 일을 시도해 보기도 하고
재미있고 자극적인 일인 것 같으면 일단 끌려.
반복적인 일은 잘하지 못해.
새로운 걸 시작할 때면 열정이 넘쳐흘러.
새로운 일을 상상하고 도전하는 나를 떠올리면 신이 나!
내가 '이거다!'라고 생각하는 일을 시작하면
지칠 줄을 모르고 몰입하기도 해.
리스크? 위험 요인? 이런 건 딱히 보지 않는 편이야.
그냥 해서 잘 될 상황만 보면서 앞으로 가는 것 같아.
내가 하는 일은 잘 될 거라고 생각하고 도전하고!
어려운 일이 생기면 해결하면 되지! 늘 이런 마음이야.
그래서 늘 도전하고 싶어 해. 새로운 관심사가 생기면 신나고.
그런데 이런 방식으로 살아와서인지, 커리어를 돌아보니까
어느 하나에 집중한 게 없다는 생각이 들어.

중구난방으로 흩어진 나의 커리어를 보면
내가 너무 산만한 게 아닌가? 집중력이 없는 게 아닌가?
소위 말하는 성인 ADHD(주의력결핍 과다행동장애)가 아닌가? 나에게 뭔가
문제가 있는 건 아닐까? 이렇게 살아도 될까?
사람들이 말하는 것처럼 뭔가 한 우물만 파야
성공하지 않을까? 그게 정답이 아닐까?

[수다]

'다능인'이라는 새로운 인간유형에 대해 말하는
『모든 것이 되는 법』이라는 책이 떠올랐어요.

무궁무진한 관심사를 가진 이들에 대한 이야기.
'어떤 사람들에겐 하나의 천직이 없는 이유'라는 주제로
TED 강연을 한 커리어 코치 에밀리 와프닉의 책이에요.

제 주변에도 이 책의 제목만 보고
위안을 받는 사람들이 있었거든요.
하나의 천직을 찾아야만 하는 것이 아니라
내가 원하는 모든 것이 되고 싶은 마음을 가져도 괜찮다.
라는 말로 들렸던 건 아닐까요?
그래서 위안이 되었던 건 아닐까 생각이 들었어요.

한 우물만 파지 않고 있다고 할지라도
무슨 큰 일이 나거나 문제가 있는 것이 아니라
충분히 그럴 수 있다는 것.

수많은 관심사가 있을 수 있고
다양한 방면에 열정을 가질 수 있다는 것.

그리고 이런 유형의 사람들이
나 말고도 세상에 많다는 것.
일단 이 사실 하나는 갖고 가면 힘이 될 것 같아요.
그리고 이제부터 현실적으로도 한번 생각해 보면 좋겠어요.

이런 나의 성격 유형으로 이 세상에서 어떻게 살면 좋을까?
어떻게 산다면 나의 커리어, 나의 업의 본질을 설명할 수 있는 사람이 될 수 있을까?

지금까지의 커리어를 돌아보면서
정확히 어느 포인트에서 싫증을 느꼈는지?
정확히 어느 시점에 커리어를 중단하고
다른 커리어로 전환했는지?

멈춰서 찬찬히 정리해 보는 시간을 가져 보면 좋을 것 같아요

그리고 구체적으로
커리어 하나에서 내가 경험한 내용을 정리해 보는 것도
추천하고 싶어요.
말 그대로 나만의 '커리어 히스토리'를 정리해 보는 것이죠.

어딘가에 제출해야 하는 목적으로 작성하는 것이 아니라
오롯이 나의 커리어 정리를 위해 작성해 보는 거예요.

혹시 또 싫증을 낼까 봐 나에 대해 불안한 마음이 있진 않은지
나에 대한 마음은 어떤지도 한번 살펴보면 좋겠어요.

"혹시 내가 나에게 불안한가?"
"그 정체는 무엇일까?"
"그것이 커리어의 굴곡만을 의미하는 것일까?"

그리고 한 가지 더,

일과 나의 관계를 생각해 보는 것도 도움이 돼요.
나랑 나의 직업·직위를 동일시하게 되면
직업·직위가 없어졌을 때 상실감을 느끼는 경우가 많거든요.

일은 나를 설명하는 부분,
그 일이 나에게 주는 의미,
그리고 궁극적으로는
"나의 업의 본질은 뭐지?"
"나는 어떤 일을 하는 거지?"
설명할 수 있는 내가 되면 정말 좋겠죠.

아무리 직업이나 직위가 바뀌어도
내가 하는 업의 본질을 정확히 알고 있다면
내가 어떤 일을 하는 사람이라는 정의가 명확하다면

또 새로운 자극에 이끌리는 나에 대해
불안해하기보다는

새롭게 이끌리는 자극과
나의 업의 본질 간의 link를 찾아보는 데
나의 소중한 에너지를 써 볼 수 있을 것 같아요.

중요한 건 내가 새롭게 끌리는 무언가가
나의 업의 본질과의 연결점을 분명히 갖고 있다면
그 길을 가 보되,
단순하게 싫증이 난다고 감정적으로 그만두는 것이 아니라,

내가 최초에 이 새로운 일을 선택한 목적을 잊지 않고
그 목적을 달성할 때까지 일을 해내는 법은
개발해 볼 필요가 있겠죠.

내가 특정 자극에 끌리는 이유가 반드시 있을 거예요.
그 이유와 목적을 찾아보면 좋겠어요.

꼭 이 새로운 일을 통해서만 그 목적을 달성할 수 있을지?
그 목적이 의미하는 나의 욕망은 무엇인지?

깊이 있게 탐색해 보는 연습을 해 본다면
내가 가진 독특하고도 매력적인 성향을 펼치며 살아가는 데
도움이 될 것이라 확신합니다! ^^

인정받지 못하면 일할 맛이 사라져

[마음]

나는 아무래도 인정 중독인가 봐.
인정받지 못한다고 느끼면
갑자기 일할 동기가 뚝 떨어져.
그러다가도 칭찬 한마디 들으면
언제 그랬냐는 듯 급 열정이 불타오르고
늘 내가 인정받나? 못 받나?
신경 쓰느라 온 에너지가 다 나가는 것 같아. ㅠㅠ
늘 다른 사람이 나를 어떻게 보는지 신경 쓰여.

이건 상사뿐만 아니라 동료, 후배도 모두 마찬가지야.
그야말로 내 주변의 모-든 사람들이
나를 인정했으면 좋겠다는 생각.
스스로 생각해도 참 어이가 없긴 해….
나도 언젠가부터는 이 생각이
너무나도 비합리적이라는 걸 알게 됐어.

하지만 문제는

이게 참으로 비합리적인 생각이라는 걸 머리로는 알아도
쉽사리 버려지지가 않는다는 거야.
머리랑 마음이 따로 노는 걸까….
인정이 없으면 일할 동기를 잃어버리는 나.
바뀔 수 있을까?
어떻게 해야 할까?

[수다]

누군가에게 인정받는다는 것.

누군가가 나에게
너는 정말 괜찮은 사람이야,
너는 정말 능력 있는 사람이야,
라고 말해주는 것.
참으로 달콤한 일일 수 있다고 생각해요.

그런데 혹시 이런 생각은 해 보셨나요?
누군가에게는 그 인정이
별로 달콤하지 않을 수도 있다는 것.
누군가에게는 그 인정이
내가 느끼는 것처럼
그렇게까지 중요하지 않을 수도 있다는 것.

그렇대요. 다 나 같진 않다는 거죠.
이 말이 무슨 의미일까요?

왜 인정 표현이
나에게는 그렇게 달콤한데
다른 누구에게는 그렇게 느껴지지 않는 걸까요?

이렇게 한번 이해해 볼 수 있을 것 같아요.

'인정'이라는 '자극'에 대해
어떻게 '반응'할 것인가를
스스로 '선택'할 수 있다는 개념을 통해서 말이죠.
인정이라는 자극에 대해
나는 어떻게 반응할 것인가를
내가 주체적으로 만들어 나갈 여지가 있다는 의미.
이런 개념은 어떻게 느껴지시나요?

지금까지 습관처럼 그래왔듯이
인정에 구속되어
인정에 허우적대며 사는 것이
문제가 있는 것 같다고 느끼셨다면

이제는 다른 선택지를 갖고 싶다는 마음으로
해석해 볼 수도 있지 않을까 생각이 들었어요.

내가 '인정'이라는 개념을 '어떻게' 바라보고
다른 사람이 제공한 '인정'이라는 자극을
'어떻게' 해석할 것인가?

내가 스스로 결정할 수가 있다는 것.
나에겐 그럴 힘이, 그럴 자유가 있다는 것!

그리고 또 한 가지 생각을 해 본다면 이런 게 있어요.

"내가 규정해 놓은 인정의 테는 과연 어떤 모양일까?"
"어떤 모습이기에 나는 자주 인정받지 못한다고 느끼는 걸까?"

인정을 받는다는 건 한편으로는
누군가가 일방적으로 어떤 형태의 피드백을 나에게 주고,

나는 수동적으로 '받는' 역할만 할 수밖에 없다고
느끼고 있는 것 같아서 속상한 느낌도 들어요.

다시 생각해 보면
나는 다른 사람과 '어떠한' 관계의 모양을 가지면 좋을까?
한번 구체화해 보면 좋겠어요.

기존보다는 보다 주도적인 관점에서
'내'가 바라는 관계의 모습을 구체적으로 설계하는 것.

나도 상대방에게 어떠한 자극을 주고
상대방도 나에게 자극을 주는
서로 주고받는 상호작용이 이루어지는 관계의 모습을
함께 만들어가는 것 말이죠.

내가 먼저 좋은 걸 주었다고
상대방도 반드시 좋은 걸 주리라는 보장은 없지만,
그것은 내가 관여할 수 있는 영역도 아니지만,

그래도 내가 할 수 있는 만큼
상대방에게 표현하는 데 충실해 보는 것 자체로도
주체적인 관계의 일원으로서의 행동으로는
충분하지 않을까 생각해 봅니다.

사람들의 '칭찬'이라고 '인정'을 규정 짓기보다는
조금 더 넓은 범위에서
혹은 조금 다른 시각에서
다른 사람과 나의 관계의 모양(혹은 구조)에 대해
생각해 보는 시간을
꼭 가져보시기를 추천 드리고 싶어요.

그리고 이번 기회에 나랑 나의 관계도
한번 살펴보면 좋을 것 같다는 생각이 들어요.

결국 내가 나를 인정해 주고 알아 주는 걸
나 자신이 나에게 바라고 있는 마음이
어딘가에 자리 잡고 있지 않을까요?

내가 나를 알아준다면
누군가가 알아주는 것에
덜 종속될 수 있지 않을까 생각해 봅니다.

다른 사람의 피드백으로부터 자유로운 삶,
긍정의 피드백은 기분 좋게 받아들이고
부정의 피드백도 내용을 수용할 수 있는
그런 삶을 살 수 있는 우리가 된다면
지금보다는 훨씬 더 편안하지 않을까요.

나도 저렇게 따라가야 하나? 흔들려

[마음]

결국 조직을 박차고 나왔어.
못 버티고 나온 거지.
퇴사 직후에는 좋았는데,
어느 정도 시간이 흐른 후부터는
'내가 너무 버티지 못했나?'
싶은 마음도 들어.
그러다가도 결국 (나는 거기서)
'20~30년은 못 버텼겠지?'라는 생각이 들어서
퇴사하긴 잘한 것 같다는 결론이 나긴 해.
그런데도 자꾸 동종 업계 주변 사람들을 보면,
특히 나의 가치관과 맞지 않는 사람들을 보면
속으로 흔들릴 때가 많아.
'저래야 돈을 버는 건데….' '나도 저렇게 해야 하나…?'
'근데 저런 편파적인…
돈만 쫓는 방법이 아니라고 생각해서
조직에서도 힘들었던 건데.'
이렇게 생각하면서도 어떨 때는

'그래도 저게 맞을지도 몰라.'
이익만 쫓으며 앞으로 나아가 있는 사람들을
비판적으로 보면서도 한편으로는 저게 맞을 것 같다는 불안.
앞으로도 최소 20~30년은 더 일해야 할 텐데
어느 방향이 맞지?
고민이 끊이질 않아 큰일이야. ㅠㅠ

[수다]

인간의 고민은 끝이 없나 봐요.
조직에 있을 때는 퇴사를 위한 고민을 했다면
퇴사 이후에는 또 새로운 고민이 나를 기다리고 있는….
이 고민이 지나가면 또 다른 고민이 우릴 찾아오겠죠?

그때마다 하나씩 하나씩
'나 자신'을 위한 결정을 내려줄 수 있는 우리가 된다면
참 좋겠어요. :)

우선! 계속해서 뭐가 맞지? 고민이 든다면
마음 한편이 참으로 무거울 것 같아요.

"내가 생각하는 이게 맞나?"
"혹시 저게 맞으면 어떡하지?"
"나의 선택이 틀렸으면 어떡하지?"
라는 불안감.

근데요, 우린 이제 정답이 없다는 것을
어렴풋이는 알고 있지 않나요?
그들이 맞을 수도 있다는 거. 또는 내가 맞을 수도 있고요.

중요한 건 내가 사는 나의 세계에서
'나'에게 맞는 길을 찾아가는 것이 아닐까 생각해요.

결국 돈을 버는 데 있어 '나만의 방법'을 만드는 것에 대한
고민이 필요한 시점인 것.
타인의 방법을 그대로 복사할 것인지
아니면 지금처럼 그 방법이 싫다고, 틀리다고 생각해서
나는 타인의 방법을 복사하지 않겠어!
라고 결정했다면,

지금부터는
나의 원칙을 정의해 보는 단계에 들어가 보기로 해요.

내가 일을 하는 데 있어서
우선적으로 중요시하는 가치는 무엇일까요?
돈, 고객의 니즈, 조직의 미션, 사회 정의구현 등등.

일을 하는 데 있어서
일이 만들어 낼 수 있는 가치는 무궁무진하니까요.

그중에서 '나'의 우선 가치는 무엇일까?
어렵지만 딱 한 개만 선택해 볼까요?

내가 가장 중요하게 여기는 가치 하나는 무엇인가요?

_____

그 가치가 의미하는 바는 무엇인가요?

_____

나는 '왜' 수많은 가치 중에서 그 하나를 선택했나요?

_____

나에게 중요한 의미를 주고 있는
가치 한 가지를 찾아보는 시간을 가져본다면,

그 의미가 나에게 이야기하는 바를 잘 들어본다면,

일하면서 방향이 흔들릴 때
나를 바로잡아 줄 든든한 기반이 되지 않을까 싶어요.

지금 한번 나에게 물어봐 주면 어떨까요?
내가 진짜로 중요하게 생각하는
단 하나의 중요한 가치에 대해서.

_____

좋아하는 일을 해야 하나, 잘하는 일을 해야 하나

[마음]

이곳에서 얼마 동안 일해 봤는데 참 고민이 많아.
'아직 젊으니까 괜찮겠지?' 했는데 아니더라고….
지금 하는 일이 정말 맞지가 않아.
사실 나는 건강을 굉장히 중시하는 사람인데
점점 컨디션도 안 좋아지고
성격도 예민하게 변해가는 걸 느끼게 되니까
점점 고민이 많아져.
'과연 내가 이 일을 계속해야 하나?'
'이러면서 이곳에 계속해서 열정을 부어야 하나?'

사실 그냥 취업이 급하다고 생각해서 전공에 맞춰서 선택했어.
그나마 내가 잘할 수 있는 일이라고 생각해서 이곳을 선택했지.

그런데 마음 한편에서는
내가 좋아하는 일을 해야 하는 거 아닌가?
라는 생각이 스멀스멀 들어.

그런 말들 많이 하잖아?
좋아하는 일을 해야 성공한다!
근데 또 어디에서는 잘하는 일을 해야 성공한대. -_-
어떤 말이 맞는 거지?
몸 상해가면서 좋아하지도 않는 일을 하고 있는 나,
어떻게 해야 하지?

[수다]

일단 건강을 중시하는 내가
나의 컨디션이 점점 상해가는 모습을 보면
참으로 마음이 속상할 것 같아요.
"건강을 잃어 가면서까지 이렇게 일해야 하나?"
당연히 고민될 것 같고요.

그러면서도 내가 좋아하는 일을 하고 싶다는 생각까지
계속해서 든다면
내가 무엇을 좋아하는지 명확한 선호가 있는 상태에서
그 좋아하는 것을 포기하고 선택한
지금 직장에 대한 기대가
더 클 것 같고….
그 기대가 무너질 때 더 좌절감이 클 것 같아요.
그래서 당연히 지금처럼 고민을 하게 될 것 같고요.

꼭 성공을 위해서가 아니라

"나에게 더 나은 선택이 무엇인지?"
나에게 더 좋은 걸 주고 싶은 마음이 아닐까요?
나를 아끼는 마음이 느껴져서 참 좋다는 생각이 듭니다.

상담이나 코칭을 하면서 만난 분 중에
"내 몸이 상하고 있는 지?"
살펴주지 않으면서 앞으로만 가는 사람들도 많이 봤으니까요.
그런 측면에서 지금 나는 '나에게 최선의 방법이 무엇일까?'
굉장히 열심히 고민하고 있다고 보여서 멋져요.

자, 그럼 이런 고민을 갖고 있는 나에게 도움이 될,
지금의 나에게 꼭 필요한 생각을 함께 해 보면 좋겠어요.

우선,
좋아하는 일을 해야 성공한다! VS 잘하는 일을 해야 성공한다!
이 두 가지 중에 하나를 선택해야 한다는 생각부터
조금 바꾸어보면 좋겠죠.
과연 둘 중에 하나의 정답이 있을까요?

딱 두 가지의 옵션만 보고,
한 가지의 정답을 선택할 수 있을까요?
저는 아니라고 생각이 들어요.

오히려
지금 하고 있는 일에서 내가 좋아할 수 있는 부분과
잘할 수 있는 부분 두 가지 모두를
조금씩 찾아보는 건 어떨까요?

아무리 재능이 있다고 할지라도
어떤 일을 하는 데 있어
그 재능 하나만 100% 써서 할 수 있는 일이라는 건
흔치 않다고 생각해요.

하나의 직무에서도
나에게 요구되는 역할과 책임은 다양하니까
미숙한 영역은 분명 있겠죠.
그래서 내가 구체적으로 이 직무에서 뭘 할 수 있고,
어떤 걸 더 잘할 수 있는지,
어떤 부분에서 더 재미를 느끼는지,
조금 세세하게 탐구해 보면 좋을 것 같아요.

물론 지금 몸이 힘든 상황에서,
재미를 찾거나 탐구를 해 보기란 무척 힘이 들 것 같아요.
일단 이 상황에서 내가 할 수 있는
아주 '작은' 변화부터 찾아보기로 해요.

나에게 필요한 자원을 명확히 찾아서, 회사에 요구해 보고
내가 얻을 수 있는 자원은 최대한 얻어 보기로 해요.

그러고 나서, 나에게 주어진 직무 내에서
내가 다른 사람들보다 더 잘할 수 있으면서
재미까지 느끼는 부분은 무엇인지?
한번 열심히 찾아보면 어떨까요?

분명 힘든 부분만 100% 있지 않을 거라고 믿어요.

내가 어떠한 환경에서
어떠한 세팅에서 일하면 내가 즐거울 수 있는지?
막 즐겁기까지는 아니더라도, 더 편안할 수 있는지?

이러한 세팅을 만들기 위해서
지금 나에게 필요한 자원은 무엇인지?
구체적으로 탐색해 보면 좋겠어요.

나에게 요구되는 것은 많으면서
나에게 필요한 자원은 부족할 때
당연히 우리는 힘들 수 있으니까요!

요구되는 역할과 책임을 명확히 정의해 보되,
현재 나의 일터에서 부족한 자원이 있다면
적극적으로 요청해 보면 좋겠어요.

내가 할 수 있는 요청을 해 보고
회사에서 얻을 수 있는 자원을
최대한 얻어 본 이후에도
내 라이프 스타일,
나의 적성과 너무 안 맞아서 괴로움이 크다면

그때는 내가 덜 괴로우면서도(혹은 좋아하면서도)
잘할 수 있을 것 같은 일을 찾아보면 어떨까요?

이렇게 한 걸음씩 나아가는 것이

내가 나의 일을
내가 이 세상에서 할 일을
나의 업을 찾아 나가는
나의 일의 본질을 만들어 나가는
여정이 아닐까 생각해 봅니다.

딱 하나의 직업으로 평생을 살 것도 아닌 우리니까요.

직장 상사 때문에 혼란스러워

[마음]

나는 늘 내 일에 있어서는 열정을 쏟아 왔다고 자부했어.
나 스스로도 나는 일을 잘하는 사람이라고 느꼈고 유능감도 성취감도 느끼면서 일을 해 왔어. 지금의 상사가 부임하기 전까지.

지금의 상사가 온 이후부터는 일하는 나자체가
완전히 바뀐 것 같아. 완전 무능력한 사람이 된 느낌. 불행해.
요새 나는 맨날 죄송하다는 말만 달고 살아….

원래의 나는 열정적이고 긍정적으로 생각하는 힘이 많은 사람이었던 걸로 기억해. 일하는 것도 행복했었지.
근데 지금의 상사와 일하고부터는
그런 모습이 사라지기 시작했어. 지금은 얼굴에 근심이 가득해.

이런 상태로 계속해서 일하다 보니 점점 무기력해졌나 봐.
내 발로 회사를 나가야 하나? 생각도 자주 들어.
사실 나는 나의 상사가 하는 말을 다 믿었어.
내가 일을 못한다고 지적을 받으면 상사의 말이 다 맞구나,

내가 더 노력해야겠다고 생각했어. 맨날 내가 문제라고 하니까. 맨날 밤새면서 노력했어. 노력해도 안 되는 나를 자책하면서 말이야. 상사가 인정하는 것이 곧 답이다. 그리고 그 인정을 받지 못하는 내가 틀린 것이라고. 점점 나는 내 생각 자체에 의문을 품게 된 것 같아. 나는 어차피 틀릴 거니까. 그러면서 나를 의심하고 있어. 어떻게 이 상황에서 헤쳐 나가야 하지?

[수다]

누군가가…
그것도 내가 인정받고 싶은 대상이
내가 일을 못한다고 지적하는 상황이 지속되고 있다면
굉장히 무력할 것 같아요. 우울할 것 같기도 하고요.
그 상황에 당장! 변화가 필요해 보여요.

진짜로 무력한 것이 아니라
내가 무력하다고 느끼는 것.
무력한 내가 팩트가 아니라
무력하다고 느끼게 된 나.

여기서부터 해결책을 찾아볼 수 있다고 생각해요.

이런 상황에서도 원래의 나를 기억할 수 있어서
참 다행이라고 생각했어요.
말씀하신 것처럼 원래의 나는
열정도 있고 긍정의 힘도 갖고 있는 사람이었어요.

지금 잠시 열정과 긍정을 발휘하지 못하는 상황이 된 것,
다시 원래의 나로 되돌리기 위한 변화를
함께 시작해 보면 좋겠습니다.

상황을 들으면서 생각났던 게
'가스라이팅'이라는 개념이었어요.
혹시 들어보신 적 있나요?

상대방을 정서적으로 조종하는 가해자와
자신이 조종당하는지 모르면서 결국 스스로를 믿지 못하는
혼란스러운 상태가 되어 가는 피해자
이 둘 간의 관계를 묘사하는 심리학 용어예요.

가스라이팅을 당하는 시간이 늘어나다 보면
피해자는 가해자가 말하는 것이 진실이라고 믿게 되고
가해자로부터 인정받거나 관계를 유지하기 위해
어떠한 대가라도 치르려고 매달리게 돼요.

그러면서 피해자는 점점 나 자신을 잃어가요.
점점 가해자가 묘사하는
내가 되어 가기 때문이죠.

내가 나 자신을 의심하게 되고
현실적인 판단이 어려워져요.
가해자들이 피해자의 심리를
교묘하게 조작하는 말과 행동을
지속적으로 하기 때문이에요.

가해자는 주로 가까운 관계에서 존재해요.
가족이나 연인뿐만이 아니라
직장 내에서 상사나 동료가 될 수도 있어요.

지금 사례의 경우,
직장 상사가 가해자,
내가 피해자인 관계가 만들어져 있을 가능성이 느껴져서
걱정이 돼요.
우선 중요하게 생각해 볼 건
상사가 나를 좋은 사람, 좋은 구성원이라고 '인정'하는 것이
인생 최대의 목적이 아니라는 것.

내가 유능한 사람인지가
오롯이 상사의 평가에 매달려있지 않다는 것을
기억하는 것.

상사의 지적 내용을
나 자신에 대한 '전반적인 평가'로 해석하지 않는 것이에요.

상사의 피드백 중에 맞는 말이 있을 수도 있지만
지적의 '의도'가 내가 일을 더 잘할 수 있도록
'돕고자 하는 데' 있지 않고
나를 비난하고 상처 주려는 데 있다면
(결과적으로 내가 상처받고
무기력해지고 무능하다고 느끼게 된다면)
이미 그는 가해자 역할을 하고 있다고 판단돼요.

나는 이 상황에서 '어떻게든' 잘 해내야 하는 게 아니라
그 비난 자체가 불합리한 측면이 있음을

나에게 해로운 측면이 있음을
나 자신에게 말해주는 것부터 시작하면 좋겠어요.

지금 현재 나 자신이 어떤 상태인지
어떤 것을 느끼고 있는지 찬찬히 살펴보는 작업을 통해
나 자신을 회복하는 데 집중하는 것이 필요해요.
회사에서 잘릴 것 같은 느낌 때문에
무조건 해고당하는 것을 피하기 위해
더 잘 해내야만 하는 것이 아니라

나 자신을 회복하는 것이
그 무엇보다도 중요하다는 말을
꼭 전하고 싶어요.

그리고 가능하다면 직장 생활에서
상사와의 접촉(비난)을 줄일 수 있는 방법을
찾아보면 좋겠어요.

내가 어떠한 비난을 받아도 되는
그런 사람이 아니라는 사실을
스스로에게도 말해줄 수 있다면 좋겠어요.

(아무리 일을 못한다고 할지라도)
인간으로서 내가 이런 대우를 받을 필요는 없다는 사실을
꼭 기억했으면 좋겠어요.

원래 나의 진짜 모습은 무능력한 사람이 아니라는 사실을
나 자신에게 말해줬으면 좋겠어요.

상사가 아무리 나에게 무능하다고 얘기해도
'내가 무능하구나'로 바로 가지 말고,

'그 말이 맞나? 진짜 그런가? 내가 정말 무능한가?'
한 번쯤 멈춰 서서 의심해 보았으면 좋겠어요.
비난을 비난 그대로 받아들이지 말고
내 스스로의 시각으로 판단하고
나의 견해를 회복하는 작업,

이것부터 시작해 보면 참 좋겠어요.

내 삶의 주도권을 가져오는 일.
타인이 나를 조종하는 일을 거부하는 일.
원래 내가 갖고 있는 나의 가치를 찾아오는 일.

그것부터 시작해 보기를 강력히 권유드립니다.

III
화가 나는 나

> ## 나는 이 일을 왜 해야 하는지
> ## 납득이 안 된다고

[마음]

나만 이상한 건가?
그래놓고 나한테만
왜 혼자서만 튀냐고,
다른 애들은 아무 말도 안 하는데
너만 난리냐고 해. 씨이.
나라는 사람은 절대 일을 피하지 않아.
일을 무서워하거나 하기 싫어서
농땡이 피우는 사람도 아니고.
가능한 한 나한테 맡겨진 일이라면
최선을 다해 하고 싶고,
좋은 결과물을 만들어 내고 싶어.
일 잘한다는 말 듣고 싶은 건 당연한 거 아냐?
그런데 말야.
일 자체가 납득이 안 되면 어떻게 해야 하지?
이런 일을 하려고 내가 그렇게 열심히 공부하고
준비해 왔던 건 아니라구!
이런 일을 한다고 했으면

여기 안 들어왔을지도 몰라.
그런데 이미 들어오긴 했구. 젠장할.
솔직히 말하면 이런 거 해서
뭐가 되겠나 싶기도 하다구.
이럴 때 정말 화가 나.
답답해. 무기력해져.

[수다]

이해가 되지 않는데,
내가 내 머리를 사용해서
내 입을 사용해서
내가 현재 하고 있는 일을
설명하기가 힘든데.
그 일을 꾸역꾸역 해내야 하는 내 모습을 보면
도대체 여기서 내가 뭘 하고 있는 건가라는
생각이 들죠.
내 자신이 짠하기도 하고,
어떨 때는 눈물이 찔끔 나기도 하더라고요.

스트레스 관리를 할 때
아주 중요한 요소가 있어요.
흔히 나 자신의 생각과 감정을 다스리고,
나에게 초점을 맞추는 부분에서
이야기를 많이 하지만,
스트레스 관리를 잘할 수 있는

또 하나의 중요한 요소는
필요할 때 누군가에게 도움을 청하는 거라고 해요.

조직에서 내부 동료들과 함께 일을 하든지,
1인 기업으로서 직접 외부 고객을 상대하든지,
어떤 상황에서도
쉽게 이해가 되지 않는 일은 생길 수 있는 것 같아요.
하고 싶지 않은 일도 만나게 되고,
이 방향이 아닌데… 하는 일도 맡게 되죠.
그럴 때 가장 처음 해야 할 일은,
혼자 끙끙대지 않는 거라고 생각해요.
다시 말해서,
누군가에게 질문을 하고,
누군가와 고민을 함께 나누고,
누군가와 함께 나아갈 길을 찾는 행동을 하는 거죠.

여기에서 중요한 점이 두 가지 있어요.

하나.
'누군가'를 잘 정하는 거예요.
내가 신뢰할 수 있고,
나의 정서적 서포터가 될 수 있는 사람.

물론, 너무너무 싫지만
현재 상황에 대해서 잘 알고 있고,
중요한 의사 결정권을 가지고 있는 사람들과도
이야기를 하는 것은 중요해요.
핵심적인 정보를 얻을 수 있으니까요.

문제는, 내가 믿지 못하는 사람들이
하는 말에 대해서는 내가 쉽게 설득되지 않는다는 거예요.
그렇다면, second opinion이 필요하다고 보여져요.
내가 현재 이해가 잘 안 되는 상황에 대해,
어떻게 소화하고 정리하고 움직여야 할지에 대해,
충분히 이야기할 수 있는 소통 창구들을
많이 만들 수 있었으면 좋겠어요.

두울.
나의 성장에 도움이 되고,
내가 만들어 가고자 하는 삶의 방향에
분명히 도움이 되는 일을 하더라도,
그 안에는 납득이 안 되고,
하기 싫고, 되지 않을 것 같은 일들이
언제나 섞여 있다는 사실에 대해
인정할 필요가 있어요.
(그러지 않았으면 좋겠지만요. ㅠㅠ)

'왜 인생은 나한테만 불공평한 거야?'
아니에요.
인생은 누구에게나 공정하게
불공평하니까요. :(

그 사실을 받아들이지 않으면,
언제까지나 내 삶은
불평과 불만으로 가득 찰 수밖에 없어요.

그걸 우리가 원하는 건 아니잖아요?
앞에서 이야기했듯이,
어떻게 이 상황을 이해할 것인지 이해하는 것과 같이,

어떻게 지금을 잘 만들어 나갈 것인가를
고민하는 것이 저는
더 나에게 도움이 되는 태도라고 생각해요.
저는 어릴 때 디즈니의 '메리 포핀스(Mary Poppins)'를
아주 많이 좋아했어요.
지금 이야기를 하다 보니
영화에 나오는
'설탕 한 스푼(A spoonful of sugar)'라는 노래 가사가
문득 생각나더라고요.

"우리가 꼭 해야 하는 일에는
'재미'라는 녀석이 어딘가에 숨어 있지.
숨어있는 '재미' 녀석을 찾는 즉시!
지겹기만 하던 일은 게임이 되는 거야.
달콤한 설탕 한 스푼은
쓰디쓴 약을 꿀꺽 잘 삼키게 도와주는 것 같이 말이야."

분명 의미 있고 가치 있는 길이지만,
그 길을 걸어가면서
만나게 되는 두려운 장애물들을
버텨낼 수 있는
나만의 '설탕 한 스푼'을
지속적으로 만드는 것도
추천해 드리고 싶어요.

젊은 사람이 왜 패기와 도전 의식이 없냐는 말 듣기 싫어

[마음]

기성세대에게 있어서 상사나 선배, 고객이 생각하는
'이상적인 젊은 사람'이란 도대체 어떤 모습을
가지고 있는 걸까?
어느새 나는 원래 내 이름은 없어지고,
'요즘 젊은 것들'이라는 새로운 이름이 생겼어.
좋은 얘기는 하나도 없어. 이기적이고, 싸가지 없고,
일도 못하는 주제에 말만 많대. 내 참.
그중에서도 제일 듣기 싫은 말은 이거야.
"나 젊었을 때는 그렇지 않았다~
나이가 젊다는 건 패기 아냐? 뭔가 하나 빵 터뜨려 보고 싶다는
열정과 도전 의식으로 활활 타오르는 거 말야.
요새 것들은 그저 몸만 사리고 약해 빠져가지고. 쯧쯧쯧."
아니, 아직 아는 것도 별로 없고 경험도 별로 없는데,
어떻게 무모하게 덤벼들어서 모든 것을 하길 바라지?
내가 괜히 잘 모르면서 하다가 일을 망치기라도 해 보라지.
당장 "바보 같은 자식, 멍청이 같은 녀석" 소리 나올 거 아냐.
나보다 일에 대해 많이 알고 있는 선배들이 차근차근
가르쳐 주면서 한 단계 한 단계 성장을 도와주는 곳이

제대로 된 회사잖아.
아직 서툴고 잘 몰라서 쩔쩔매는 내 모습을 상대방이 시킨다고 억지로 내보이고 싶지 않아.
젊은 사람도 겁나고 걱정할 수 있는 거 아니야?

[수다]

당연하죠!!

이때까지 해 봤던 일도 아니고,
어떻게 해야 하는지도 잘 모르는데
겁나고 무섭고 걱정되는 건 당연하잖아요!

혹시 내가 잘 몰라서
일을 망칠까 봐 걱정도 되고,
뭘 어디서 어떻게 시작해야 할지
몰라서 막막하기도 하고요.

하나하나 선배가 손잡아서
이끌어주면 훨씬 더 안전하고
더 좋은 성과를 만들어 낼 수 있지 않을까 하는
생각이 당연히 들 거예요.

요새 관리자분들을 위한
리더십 교육에서도
'요즘 젊은 것들은'
'내가 젊을 때는…'

이런 표현은
듣는 사람에게
폭력으로 들릴 수 있다는 것을
강조하고 있어요.
아직도 본인이 젊었을 때
선배들이 썼던 표현을
여전히 쓰고 계시는 상사 분들도
이제는 변화해야 한다는
압력을 많이 받고 계신다는 것을
부디 알아 주기로 해요. :)

자, 기성세대 · 상사 · 선배가 해야 하는 변화는
그분들 몫이니까
알아서 하시라고 하고요.
이제 우리한테 도움이 되는 이야기를 좀 해 보죠!

나이가 젊다고 해서
누구든지 어떤 상황에서든 어떤 일에든
앞뒤 생각 없이 두 팔 걷고 뛰어들어야 한다는 것은
말이 안 되죠.

하지만, 혹시 틀릴까 봐 망칠까 봐
새로운 경험을 할 수 있는 기회를
제대로 활용하지 못한다면
그것도 나에게 큰 손해가 될 거라는 생각은
한번 해 보면 어떨까 싶어요.

사람이 가지고 있는 비합리적인 생각이 세 가지가 있대요.
'I: 나는 무슨 일을 하든 잘해야 돼'
'You: 사람들은 모두 나에게 잘해 줘야 돼'
'Work: 내가 하는 모든 일은 쉽게 할 수 있어야 돼'

사실 로망이긴 한데,
현실 상황에서 이루어지기 어려운 꿈이긴 하죠. ㅎㅎ
막막하고 두렵고 무섭고,
뭘 어떻게 해야 하는지를 모르겠는 일들을
피해갈 수는 없으니까요.

해야 하는 일을 마주했을 때,
영화 〈범죄의 재구성〉에서
백윤식 배우가 말하듯이
'청진기 대면 (뭘 어떻게 해야 하는지)
견적이 딱 나오는'
상황이 아니라면,
일단 스스로에게 이야기해 줄 필요가 있어요.

"실패해도 괜찮아. 처음 해 보는 거잖아."
"망칠 수도 있어. 하지만 그렇다고 세상이 끝나진 않아."

그렇다고 해서 되는 대로 마구마구
성의 없이 일을 할 여러분이 아니라는 거 믿으니까
하는 얘기예요.

좌절과 실패 경험이 없는 완벽함을 추구하다 보면,
오히려 내 성장을 가로막을 수 있다는 점을
때때로 나에게 일깨워 줄 필요가 있을 듯해요.

하나의 분야에서
대가의 수준까지 이른 사람들의 이야기를 들어 보면,

"지금까지 본인이 걸어온 길을 뒤돌아보면,
너무너무 무섭고, 최대한 피해가고 싶었지만,
상황상 그럴 수가 없어서 하게 되었던
어려운 일이 나를 가장 많이 성장시켰다"는 말이
공통적으로 나오더라고요.

일을 하는 데 있어서 서투르고,
원하는 대로 머리와 손과 발이 움직이지 않아
버벅거리는 모습을 보이더라도,
나 자신이 가치 있는 존재라는 사실은
부정되는 것이 아니라고 생각해요.
이게 바로 BTS가 이야기한
〈Love Yourself〉겠지요. ^^

일을 지시하는 상사·선배·고객에게
내가 아는 것은 무엇이고,
모르는 것은 어떤 것인지,

내가 스스로 알아보고 해 볼 수 있는 것은 무엇이고,
도움을 청하고 싶은 것은 어떤 것인지에 대해

명확하게, 예의 갖춰 이야기하는 것도
지속적으로 연습해 보면

나의 성장에 큰 도움이 될 거라 확신해요.

> 젊은 애가 뭐 그렇게
> 돈을 밝히냐고 한다, 에휴휴.

[마음]

돈이라는 거.
여기에서 자유로울 수 있는 사람이
한국 사회에 도대체 몇 명이나 되겠어?
솔직히 일을 하는 이유가 뭐야.
먹고살기 위해서잖아.
그런데 나이 많은 분들은 그렇게 말하더라.
"내가 너만 했을 때는
돈 생각은 안했다.
그저 일을 할 수 있는 게 좋았지.
그리고, 나이 젊은데
돈이 뭐가 그렇게 중요해?
앞으로 돈 벌 수 있는 날들이
창창하게 많이 남아 있잖아."
돈을 중요시하는 게 뭐가 그렇게 나쁘지?
사람이라면 누구나 다 돈 벌려고
일하고 있는 거잖아.
생계유지가 안 되는 일을

계속하고 싶은 사람이 어디 있겠어.
나는 벌어먹고 사는 것에 대해
아무 걱정도 안 해도 되는 금수저 출신이 아니라고.
연봉의 금액 때문에 회사를 그만두거나 옮겨야 되나
고민하는 나를,
세속적이라고 비난하는 사람들을 도대체 이해할 수가 없어.

[수다]

맞아요, 맞아요.
저도 정말 이해할 수가 없어요(부글부글!!!).
그렇게 말씀하시는 분도
돈을 벌기 위해
직장 다니고
일하고 있는 부분이 분명히 있을 텐데.
왜 그렇게 말을 하실까요? ㅠㅠ

우리가 교육받고 생활해 온
문화 속에는
은연중에 돈에 대해 이야기하는 것은
다소 부정적으로 생각하는 부분이 있는 것 같아요.

솔직히 속으로는 모두 '돈'이라는 것을
중요하게 생각하고 있지만,
돈에 대해 대놓고 요구를 하거나
이야기를 하는 것은
사회적으로 바람직하지 않다고 생각하는 거죠.

뭐, 나이 많으신 분들은
오랜 시간 동안 그와 같은 문화 속에서
성장해 오신 분들이니까
그렇게 말씀하실 수 있다고
듣고 존중은 하되,
그런 말에 흔들려서
내 머리와 마음을 어지럽힐 필요는 없다고 생각해요. ^^
다만, 내가 '돈'이라는 주제에 대해
생각해 볼 부분은 분명히 있는 것 같아요.

우리가 가지고 있는 기본적인 니즈 중에서
일을 통해 얻을 수 있는 것이 세 가지라고 하죠.

생존(survival),
관계(relatedness),
자기결정력(self-determination).

당연히 생계유지를 가능하게 해주는
돈은 중요한 문제인 것이 맞는 거죠.

일을 한 만큼의 대우를 받을 수 있는
괜찮은 일자리(decent job)를
나에게 찾아 주고 만들어 주려
노력할 필요는 분명히 있다고 생각해요.

매달 따박따박 통장에 꽂히는
월급이라는 마약 때문에,
내가 제대로 된 대우를 받지 못하거나

필요한 성장을 하지 못하는 상황을
이 악물고 참지는 말아야 한다고 생각해요.

나를 위해 중요한 결단이 필요할 때에는
분명하게 의사 결정을 해 줘야 하는 게 당연하죠.
충분히 생각하고,
충분히 주위 사람들과 이야기하고,
충분히 정보를 수집하고,
충분히 계획을 세우고,
그리고 내 행동에 대한
책임을 스스로 질 각오가 되어 있을 때 말이에요.

하지만, 요새 TV나 유튜브에 많이 나오듯이,
모두 다 회사를 뛰쳐나와서
스타트업을 하는 것만이 맞는 거고,
회사에 다니는 것은
죽지 못해 살고 있는
불쌍한 월급쟁이라는 논리 자체도
엄청나게 큰 억지가 있다고 말하고 싶어요.

직업이나 직장은,
내가 만들어 가고 싶은 삶을 향해 갈 수 있도록
도와주는 하나의 도구죠.
긴 인생에 있어서
일정한 기간 동안 머무르는 여행지라고도
말할 수 있을 것 같아요.

많은 사람들과 서로가 담당해야 할 역할에 대해
약속을 하고 함께 지내는 장소이기도 해요.
현재 내가 머무르고 있는 여행지에서
내가 얻고 싶은 것을 분명히 얻고 있는지,
그리고 월급을 받는다는 약속에 맞게
맡겨진 일을 제대로 하고 있는지에 대해서
정기적으로 내 모습을 점검해 보며
계획을 수정하고 보완해 나간다면,

지금 내가 스타트업에 있건,
대기업에 있건,
중소기업에 있건,
1인 기업이나 프리랜서로 일하건,
내 삶의 목적에 충실한 삶을 살고 있다고
자신 있게 말할 수 있을 거라 생각해요.

같이 일을 하고 있으니 알 거 아냐, 그걸 다 일일이 설명해야 하나?

[마음]

아니, 우리가 지금 일을 같이 하고 있잖아.
본인이 나한테 일을 준 사람이잖아.
일에 대해 설명해 주기도 했었고.
뻔히 상황이 어떻게 돌아가고 있는지 알거 아냐.
같은 부서에 있는 사람이고,
하루 종일 앉아 있는 자리도
정말 엎어지면 코 닿을 만한 자리인데.
내가 시시콜콜히
진행되는 일을 다 이야기해 줘야 돼?
내가 말을 안 하고 있다는 거는,
뭔가를 하고 있다는 거라고
생각해 줄 수 없나?
기다리고 있으면
어련히 알아서 해 줄까 봐.
왜 자꾸 재촉이냐고,
왜 자꾸 쪼냐고.
아니, 일을 시켰으면
믿고 맡겨 줘야지.

그렇게 불안해할 거면 자기가 하지,
왜 나한테 시켰냐고.
결국 나를 못 믿는다는 거잖아.
그럼 일을 시키지 말라고!

[수다]

"일을 할 때,
어떤 것이 가장 힘드세요?"라고
사회생활하는 분들에게 여쭤 보면,
"일이 많은 것은 그냥 하면 돼요.
피곤하긴 하지만 견디기 힘든 건 아니에요.
어려운 과제를 해결하는 것도
골치 아프긴 하지만 할 수 있는 일이에요.

그런데, 같이 일하는 사람 때문에
힘든 것은 정말 어떻게 할 수가 없어요"라는
이야기를 자주 들어요.

진짜 짜증나고
불편하죠. ㅠㅠ
같이 일하는 사람과의 관계는
내가 혼자 어떻게 한다고 해서
바로 변화시킬 수 있는 것은 아니니까요.

'왜 나를 믿어주지 않지,
내가 알아서 잘 할 텐데.

나한테 그 정도의 믿음도 없나.
나를 얼마나
일 못하는 인간으로 보면
저렇게 사사건건 걱정하고
물어보고 동동거릴까라는 생각이 들면,
정말 갑갑할 거예요.
그래서 요새 중간 관리자와 임원들을
대상으로 하는 리더십 교육에서는
'혹시 본인이 CCTV형 리더'가 아닌가
하는 질문을 스스로에게 해 보라는 이야기를
자주 하곤 해요.

계속 후배 사원 뒷자리를 왔다 갔다 하면서,
친한 척 하는 어조로 고개를 불쑥불쑥 들이밀고
"뭐 해애~~~?"
"잘 되가아~~~?" 이런 거 말이에요.

나름 신경 써 주신다고 하는 것 같긴 하지만,
본인이 생각도 하지 못했던
좋지 않은 결과를 만들어 내게 된다고 외쳐 드려요.
후배 직원의 신뢰를 잃게 되는 거 말이에요. ㅠㅠ

그러면 선배 관리자들이 이렇게 투덜거려요.

"업무 지시를 할 때는 아무런 질문을 하지 않고
가만히 있어요. 그래서 다 알아들은 줄 알고 기다려요.
그런데 기다려도, 기다려도
뭘 어떻게 하고 있는지

뭐가 어떻게 됐는지 얘기를 안 해 줘요.
마감일이 되기 전에
혹시 뭔가 고쳐야 할 것이 있다면 고쳐야 될 것 아니에요.
그래서 중간 중간에 물어보는 건데,
그러면 또 되게 싫어하더라고요.
어떻게 해야 할지 모르겠어요"라고요.
결국 양쪽에서 원하는 것은
지금 하고 있는 일이 제대로 마무리가 되는 것일 거고,
그러기 위해서는
업무 진행 과정에서 서로의 능력을 믿고 기다릴 수 있는
환경을 만드는 것이 가장 중요한 것일 것 같아요.

지금은 그 환경이 제대로 조성이 되지 않아서
양쪽 모두 서로에게 불만이 많이 쌓이는 듯이 보이더라고요.

선배와 후배가 함께 어울려서
신나게 일을 잘 하고 있는 조직의 이야기를 들어보면,
처음 일을 시작하기 전에
서로가 똑같이 이해하고 있는지를 확인하는 데에
시간을 충분히 쓰더군요.

해야 하는 일의 내용이 어떤 것인지,
어떤 과정을 거쳐야 하는지,
어떤 형태와 색깔과 부피를 지닌 성과가
나와야 하는지 말이에요.

또, 언제까지 어느 정도 수준의
일이 만들어 져야 하는지의
마감 기한에 대해서,

중간중간에 진행 상황을 같이 논의하는 방법은
어떻게 해야 하는지에 대해서도 미리 합의해서
정해 놓는 것이 가장 좋다고 해요.
그렇게 되면 누가 누구를 불필요하게 쪼거나,
불안해하며 의자 뒤에서 왔다 갔다 할 필요도 없어지겠죠.
이 과정에서는
선배들도 명확히 설명을 하는 것에 신경을 써야 하고,
우리 후배들의 입장에서도
이해가 안 가는 것을 정확하게 물어볼 필요가 있다고 생각해요.

중요한 것은 싸우자는 것이 아니니까,
서로에게 예의를 갖추면서 질문을 하는 데에
유의하면 좋겠어요.

되게 도덕책 같은, 고리타분한 얘기로 들리죠? ^^a
예의를 갖추라니.
초등학교 도덕책에 나오는
'복도에서 뛰지 맙시다' 같이 들릴지도 모르겠네요. ^^;;

하지만, 조직에서 일을 할 때
일어나는 대부분의 갈등은
정말 사소하고 쪼잔한 것에 대한 불만에서 생기기 시작하구요.
그 불만은 대부분 일을 진행하는 방법에서의
시각 차이 때문에 만들어지더라고요.

내가 이렇게 말했을 때,
내가 이렇게 행동했을 때,
내가 이런 말을 해 주지 않았을 때,
내가 이런 행동을 보여주지 않았을 때,

상대방은 어떤 생각과 감정을
가질 가능성이 있을까를
상상할 수 있는 능력이
저는 '예의'라고 생각해요.
결국 내가 원하는 방향으로
일이 되어 가도록 만들기 위한
중요한 도구 중의 하나인 거죠.

"우리가 남이가"라는
옛날에 유행했던 말이 있었죠.

그건 틀린 말이죠, 명확하게.
"우리는 남입니다"가 맞다고 생각해요.

상대방은 내가 아니니까
내 머릿속에 있는 생각을
알지 못한다는 전제가 필요해요.

'말하지 않으면 모른다.
말하지 않으면 상대방 마음대로
오해해서 생각한다'는 것이
진리라고 저는 믿거든요.

어떻게 하면 서로를 신뢰하고
존중하면서 일을 같이 할 수 있을지에 대해
주위 사람들과 함께 의논하고,
이 중요한 문제에 대해
함께 해결하는 연습을
많이 해 보시기를 권하고 싶어요.

나이가 어리다고 무시당하지 않으려면 강하게 나가야 돼

[마음]

요새 사회에서는
"동안이시네요"라는 말이 큰 인사라고 하잖아.
"아유, 그 나이처럼 안 보여요.
 몇 살은 젊어 보이세요"라고 얘기해 주는 게
상대방의 기분을 좋게 해주는 방법이라고도 하고.
그렇게 보면 젊다는 것을
좋게 생각하고 있는 것 같긴 한데.
정작 같이 일을 하는 현장에서는
왜 그렇게 젊은 사람들을 못 잡아먹어서 안달인 거야?
꼭 말을 해야 아는 게 아니야.
나이 어려 보이는 사람을 대하는
시선 자체가 다르다니까?
아닌 척하면서도 말도 반말 섞어서 하고,
경험도 없고 어린 게 뭘 알아 이런 식으로
비아냥거리는 말투를 쓰는 거, 누가 모를 줄 알고?
이렇게 일을 같이 하는 사람들에게
어리다고 무시당하지 않으려면 무조건 강하게 나가야 돼.
절대 기 싸움에서 밀리지 말고

센 표현을 써야 돼.
절대 잘못했다는 말을 쓰면 안 돼.
그러면 내가 지는 거니까.
만사에 무심한 듯 쿨해 보이는 거 있지?
그래야 나를 무시하지 않는다니까.

[수다]

나이가 상대방보다 젊다는 이유 하나만으로,
내가 가지고 있는 가치나 역량, 전문성을
제대로 인정받지 않고,
무조건 나를 무시하는 듯한 태도를 취한다면,
화가 안 날 사람이 어디 있겠어요!
듣기만 해도 마음속이 부글부글하고,
뚜껑이 열리는데요, 뭐.

그렇게 나이 든 것이 자랑이면
왜 어른같이 점잖게 굴지 못하고,
그렇게 유치찬란하게
'내가 더 나이 많은데,
무조건 꿇어! 깔아!'라고
나이 싸움을 하시는 건데요?
라고 물어보고 싶다니까요. 우, 씨.
어르신들도 지하철에서 싸우실 때 보면,
"너 몇 살이야? 민증 까!"부터 시작하시니까요. ㅠㅠ

정말 아무런 노력 없이 얻을 수 있는 것이
'나이'라고 하잖아요.

그래서 나이를 얻는 과정에서
지혜와 성숙함을 같이 얻기 위해
힘들게 노력하신 어른들에 대해서는
정말 많은 젊은 사람들도
존경심을 표하게 되는 것 같아요.
자, 그러면 우리가
현명한 성숙함을 갖추어 가기 위해
지금 해야 할 일은 무엇일까요?

목소리 큰 사람이 이긴다는 말 있잖아요.

그런데, 제 생각에는
나이 차이 나는 상사나 선배와 싸울 때,
후배가 목소리를 높이고 강하게 나가게 되면
안타깝게도 훨씬 더
불리하게 되는 경우가 꽤 있는 것 같아요. ㅠㅠ

아무리 내가 합리적인 주장을 하더라도
후배가 버릇없어 보이는 행동을 보이게 되면,
우리나라에서는
"야, 아무리 그렇더라도
선배·상사한테 어떻게 그렇게 말할 수가 있냐?"라고
비난의 화살을 나에게 돌리는 경우가 많아서요. ㅠㅠ

현재 상황에서 잘 이해가 안 되는 부분을 질문하고,
내가 생각하는 바를 잘 풀어내어 전달하며 주장하는 태도는
성숙한 어른으로 성장하기 위해 반드시 필요한 태도이지요.

이때 무조건 강하게, 무조건 세게,
절대 눈 깔지 않고, 세상 무심한 듯 쿨하게 보이려는 태도는
오히려 부작용을 일으킬 때가 더 많더라고요. ^^a
조직 생활에서 같이 일하고 싶은 후배이며,
나이가 어리지만 존경심이 드는 후배라고
추천받는 분들이 어떻게 소통을 하시는지 여쭤보면,
'태도가 다르다'라는 이야기를 많이 들어요.

사람을 대할 때
겸손하고 예의 바르지만,
평소에 일에 대해 생각도 많이 하고
공부도 많이 해서
알맹이가 있는 이야기를 하고,
굽히지 말아야 할 의견에 대해서는
악 쓰지 않으면서도 꿋꿋하게 지지 않고
자기주장을 펼치는 분들.

그분들이 자주 쓰시는 표현을 보면,
감사와 사과, 부탁 표현이 많더라고요.

감사합니다. 고맙습니다.
큰 도움이 되었습니다.
○○님 덕분에 일이 잘 되었습니다.
○○○를 도와주셔서 정말 감사합니다.

제 실수입니다. 죄송합니다.
제가 잘못 판단했습니다. 죄송합니다.
제가 빠뜨렸네요. 죄송합니다.
죄송하지만, 이거 한번 봐주실 수 있을까요?
바쁘시지만 이거 하나만 여쭤볼 수 있을까요?
잘 부탁드립니다.

굽신거리는 것과 예의바른 것은 다르죠.
공격적인 성향과 자기주장을 잘하는 것도 다르고요.

이런 이야기를 하고 싶으신 분도 계실 것 같아요.
이렇게 잘해주기만 하면,
호의가 계속되면 호구인 줄 안다고.
(호이가 계속되면 둘리인 줄 안다고. ㅎㅎ)

맞아요.
사람의 호의를 악담으로 갚는 분들이
분명히 계시죠.

또라이 질량 보존의 법칙에 따라,
어떤 직급이든,
어떤 연령대든,
어떤 조직이든,
또라이는 존재하기 마련이니까요.

그런데,
특히 이와 같은 또라이 상사·선배에게
그분들이 쓰는 감정적이고 무례한

소통 도구를 같이 쓰는 것은
더 말리고 싶어요.

너도 똑같은 인간이다 수준을 넘어서서,
너는 어린 게 왜 그 모양이냐.
네가 더 나쁘다라는 이야기를
듣기가 쉽거든요. ㅠㅠ.

보다 냉철하고 만만해 보이지 않을 수 있는
이미지를 구축해야 한다고 생각해요.

상냥하고 친절하지만,
절대 막 대할 수 없는
훨씬 더 무서운 실력과 태도를 갖추는 것만이
또라이 상사·선배를 대할 수 있는 방법일 거예요.

튼튼하고 열정이 넘치지만
장애물을 만나 부딪치면 뚝 부러져버리는 모습보다는

낭창낭창하고 유연해서 잘 휘어지기는 하지만,
절대 본인의 중심을 잃지 않는
탄력성 있는 인재의 모습을 갖추기 위해

내가 지금부터 이전과 다른 행동 실험을
해 볼 수 있는 것은 무엇일까에 대해
생각해 보시기를 권하고 싶습니다.

일을 잘한다는 거는 도대체 뭘 말하는 거지?

[마음]

솔직히 말해서,
진짜.
하~ 내 참.
지금까지 내가 살면서
일 못한다는 얘기는 들어본 적이 없어.
똑똑하다,
아는 게 많다,
어른스럽다라는 얘기까지 들어봤지만,
일 못한다는 말은 정말.
졸업하고 취직한 후로
이번에 난생 처음 들어봤어.
처음 그 이야기를 들었을 때는
너무 당황스러워서
어떻게 해야 할 줄을 모르겠더라니까.
아니, 그냥 그 선배의 개인적인 성향과
내 성격이랑 안 맞아서
나를 싫어하는 거 아니야?

왜 나만 갖고 난리냐고.
나보다 훨씬 더 게으르고
능력 없고 월급 날로 먹는 인간들이
주위에 득시글거리는데 말이야.
일을 잘한다는 건
도대체 뭘 말하는 거야?

[수다]

주위 사람들을 보면
나만큼 열정을 가지고 일하는 사람은 없는 것 같고.
설렁설렁 노는 사람들도 있는 것 같아 한심해 했었는데,
정작 이렇게 열심히 일하는 나보고
'일을 잘 못한다'는 평가를 한다니,
정말 기가 막힌 일이죠!!

억울하고, 억울하고, 억울해서
내가 뭘 그렇게 잘못했냐고,
왜 나만 갖고 그러냐고
소리쳐서 따지고 싶은 마음이 굴뚝같았을 거예요. ㅠㅠ

사람마다 좋아하고 싫어하는 사람의
유형이 있는 것이 당연한 만큼,
같이 일하고 있는 누군가가
나를 좋아하지 않는다는 말을 할 수는 있을 거예요.

실제로 내가 일을 할 때
어떤 생각을 하고 어떻게 일하고 있는지에 대해
오해하는 사람도 있을 거고요.

그런 경우라면,
상대방에게 정식으로 1 대 1 대화를 요청해서,
어떤 것이 문제로 보이는지에 대해 확인하고,
내 입장을 설명하고, 오해를 푸는 작업을
꼭 해야 한다고 생각해요.
그러면, 여기에서는
'일을 잘한다'는 것이 어떤 것인지에 대해
먼저 정리해 보고 가는 것이,
그 오해를 푸는 대화를 할 때
더 도움이 될 것 같으니까
한번 정리해 보기로 하죠.

사람들과 어울려서 일할 때,
일을 잘한다는 말을 듣는 사람들의
행동을 보면,
잘 이해하지 못했는데,
그 모호함을 그대로 두고,
미루어 짐작하는 행동을
하지 않으려고 애쓰는 것이
가장 많이 보이는 것 같더라고요.

내가 해야 할 일에 대해
명확하게 이해하기 위해
파악하는 행동을 많이 하고,

스스로의 언어로
이해된 바를 정리해서
주위 사람들에게 확인하는 행동을 하는 게 필요하죠.

내가 담당한 일의 범위와,
구체적인 실천 행동에 대한 계획을 세울 수 있으니까요.
기대되는 성과의 형태와 모양에 대해,
언제까지 어느 정도의 수준의 결과가
만들어져야 하는지에 대한
일정 관리도 중요하구요.

'그 일을 하기 위해'
필요한 인적 자원과
물적 자원을 확인해서
계획에 포함시키는 것도 필요하죠.

내가 하는 일에 영향을 미칠 수 있는
요소가 무엇인지,

그리고 주위 사람들이 하는 일 중에
내가 하는 일과 관련이 있는 것이 있다면
먼저 다가가서 문의하고 확인하는 태도도

불필요한 실수를 줄이는 데에
아주 효과적이라고 생각해요.

그리고, 나랑 일을 같이 하는 사람들에게
내가 전달하고 싶은 메시지가
오해 없이 잘 도착하도록 하기 위해

말을 하는 시기와 표현 선택에 대해서도
신중한 태도를 가지는 것도
도움이 많이 되더라고요.

누구와 이 일의 진행 과정에 대해
공유해야 하는지를 확인하는 것도 좋고요.

또, 이 모든 내용과 과정에 대해
지속적으로 기록을 하면서
기억 관리를 하는 것도 필요하죠.

이건 아주 작은 일을 하든지,
아주 큰 규모의 프로젝트의
관리자나 리더가 될 때에도
공통적으로 적용되는
일 잘하는 방법이라고 생각해요.

내가 일에 대해 가지고 있는 생각과
일을 다루는 방법에 대해
불만을 가지거나 오해를 가지는 사람에게
용감하게 다가가서
문제를 풀어보려는 시도를 하는 실험은
내가 성숙하고 성장하는 데에
아주 중요한 경험이 될 거라 확신해요.

한 번의 시도에 모든 것이 해결될 거라는
기대는 솔직히 무리겠지만요.

우리는 평소에 사람들과의 관계에서,
내가 이렇게까지 다가가 줬는데,
내가 이렇게까지 굽히고 들어가 줬으면,
감지덕지한 줄 알아야지! 라고 생각하잖아요. ㅎㅎ
하지만 상대방도 나름대로의 생각과 감정이 있기 때문에,
우리가 기대하는 대로 움직여 주지 않을
가능성이 많다는 것을
항상 염두에 둘 필요가 있어요.

대부분 우리는 사랑 고백을 할까 말까
고민하는 데에 시간을 많이 쓰지만,
사실 상대방이 그 사랑 고백을 받아줄지에 대한 여부는
우리가 결정할 수 있는 게 아니라는 사실을
까먹고 있을 때가 많듯이 말이에요. :)

내가 누군가에게 좋은 감정을 느끼고,
그 감정을 표현하고,
상대방이 나와 같은 생각을 가지기를 소망할 수 있지만,
그 소망이 이루어지지 않을 가능성이 있다는 것도
기억할 필요가 있다고 생각해요.

그렇다고 해서 괜한 시간을 쓰거나
헛짓을 한 것이 아니라,

내 감정에 솔직한 행동을 한 거니까,
귀한 경험을 한 거라고 말할 수 있을 거예요.

마찬가지로
나에 대한 오해를 풀기 위해
누군가를 설득해 보는 것도,
그 과정에서 내가 놓쳤던 것을 발견하게 되는 것도,

분명히 나의 인생에서
아주 소중한 경험이 될 테니까,

이번 기회에 가치 있는 실험을
꼭 해 볼 수 있기를 기대하고 응원하겠습니다.

하기 싫은 일을 해야 해서 화가 나

[마음]

내가 잘하는 일을 하고 싶은 마음에
결국 퇴사를 선택했어.

그리고 현재 나름 하고 싶은 일을 찾아서
프리랜서로 살고 있고.
프리랜서로 사는 삶이 나름 만족스럽기까지 해.

하지만 모든 일에는 장단점이 있나 봐.

잘하는 일, 하고 싶은 일은 즐겁게 하는데
그 일 이외에도 해야 할 것들이 참 많이 있어.
혼자 일한다는 것도 쉬운 일은 아니더라고.
하기 싫은 일도 하기는 해야 할 텐데…
이왕에 하는 거 조금 더 즐겁게 하고 싶어.

그런데 그게 참 어렵더라.
하기 싫은 일을 해야 한다고 생각하면 답답해져.

하기 싫은 일을 하다 보면 꼭 화가 나고.
안 할 순 없으니까 어찌어찌 하긴 하는데
이렇게 하기 싫은 일을 안 할 순 없을까? 자꾸 도망가고 싶어.
그런 나를 보면 또 답답해지고….

하기 싫은 일을 의미 있게 하는 방법이 있을까?

[수다]

좋아하는 일, 잘하는 일이 명확하다는 건
참으로 행운이 아닐까 생각해요.

그만큼 나에 대해,
나의 일에 대해
확신을 갖고 있다고 보이니까요.

그럼 이렇게 내가 선택한 일에 대한 확신을 가진 상태에서
한 단계 더,
나의 '일'에 대해 구체화를 해 보면 좋을 것 같아요.

내가 일에서 원하는 것은 무엇일까요?
내가 나에게 물어봐 주었으면 좋겠어요.

"나는 이 일을 왜 할까?"

"이 일을 통해 이루고 싶은 목적은 무엇일까?"

나의 일을 의미 있게 만들기 위해서는
일단 나의 일이 가진 '의미'부터 찾아보면 좋겠어요. :)

나는 일을 할 때 어떤 모습인가요?
어떤 모습으로 일할 때 내 자신이 참 만족스럽나요?

반대로 내가 만족스럽지 않은 일을 할 때는 어떤 모습인가요?
내가 만족스럽지 않다고 느끼는 이유는 무엇일까요?
내가 하기 싫은 일이 표상하는 바는 무엇일까요?
'왜' 하기 싫다고 여겨질까요?

내가 하기 싫은 일은 내가 하고자 하는 일에 있어
어떤 역할을 하고 있나요?
혹시 꼭 하지 않아도 되는 부분이 있나요?
혹시 안 해도 큰일이 나지 않는 부분은 없을까요?

불필요하면서 하기 싫다면 과감히 제거하고
내가 좋아하고 더 가치 있다고 생각하는 바에
시간과 에너지를 더 투자해 보는 것도 좋을 것 같아요.

반대로
반드시 필요하다고 판단된다면
필요한 이유를 더욱 공고히 다지는 것이
도움이 될 것 같습니다.

하기 싫은 일이라도,
내 일에 필요한 이유를 분명히 찾았다면
나 스스로도 납득이 된다면
하기 싫은 마음은 점점 줄어들 수 있을 거예요.

그냥 단순히 해야 하니까 해야 한다고 생각하면
상대적으로 하기 싫은 일은 언제나 있겠죠.

하지만 내가 하는 일의 의미와 목적을
분명히 하고 일에 임한다면,
지금 내가 꺼려하는 이 일의 역할을 구체화해 본다면
조금 더 큰 맥락에서
의미 있는 일의 조각을 맞추어 간다는 생각으로
현재 필요한 일에 집중할 수 있지 않을까 생각해 봅니다.

내가 어떤 일이 하기 싫다고 느낀다면
아직 그 일이 '왜' 꼭 필요한지
스스로 납득이 안 되기 때문일 수 있겠다는 생각이 들어요.

납득이 안 되는 일은
언제나 괴로우니까요 :(

나 스스로를 설득하는 작업,
나 스스로에게
이 일의 필요성을 조금만 친절하게 설명해 주는 작업을
꼭 해 보시기를 추천 드리고 싶어요.

그리고 사실, 현실적으로 모든 일이
다 나에게 즐거운 요소로만 가득 차 있기란...
구현 가능성이 낮긴 해요 그쵸? :)

회사와 내가 하나였던 나,
내가 왜 그랬을까?

[마음]

누군가가 나를 필요로 한다는 것에 희열을 느꼈던 내가 기억나.
회사는 나의 모든 것이었어.
그리고 그게 나에겐 성장같이 느껴졌지.
근데 지나고 보니 내가 무언가에 속았던 것 같아.
뒤돌아보면 내가 왜 그랬는지. 왜 나를 내던지면서.
건강까지 해치면서 그렇게 회사와 나를 동일시했을까
후회가 돼.

내 첫 커리어였어. 주저 없이 선택했지.
'가라는 계시구나' '몇 개월만 버텨 봐야지.'
그리고 생각보다 잘 버텼어.
그렇게 어느 순간 모든 게 회사였던 나.
몇 년간 매달려서 살았던 나. 내가 왜 그랬을까…? 싶어.
생각해 보면 난 그 안에서 인정받고 싶었어.
언제나 '내가 두 명의 몫을 해내겠다!'고 달려들었지.
날 믿고 뽑아준 상사를 위해 '상사의 기대에 부응하기 위해
내 한 몸 불사르겠다!'라는 마음으로….

그런데 어느 순간 눈이 떠졌어. '뭘 위해 그렇게 일하는 거지?'
'내가 왜? 똑같이 월급받는데?'
억울했어! 그리고 멘붕이 찾아왔지.
이곳에 지난 O년 간 나를 쏟아 부었는데… 하는 허탈감.
이제 나는 이디서 나를 찾아야 할까?

[수다]

회사와 내가 하나였다니.
그런데 그게 이제 와서 후회가 된다니.ㅜㅜ
나를 잃어버린 것 같은 느낌이 들 수 있을 것 같아요.

회사에서 일이 나에게 주었던 모든 것.
성취감
보상
인정 등등

그 달콤한 맛에 길들여져 살아왔던 나에게도 분명
그러기 시작한 이유가 있었을 텐데….

어쩌다 나는 나를 내던졌을까요.
그땐 왜 그렇게 해야 했을까요.
왜 그 방법을 선택할 수밖에 없었을까요… : (

그런데 말이죠.
그때로 돌아간다고 다르게 할 수 있었을까요…?

사실은
그렇게 했기에
내가 얻은 것도.
배운 것도 참 많을 것 같다는 생각이 들어요.

그렇게 했기에 나도
엄청 성장하기도 했을 거라 믿고요.
여기서부터 다시 시작해 보면 어때요?
나를 찾아보는 시간.
잃어버린 것 같은 나를
다시 찾아보는 시간을 가지는 것부터 말이죠.

분명 그때보다는 한층 성장한
더 단단해진 내가
나를 기다리고 있을 거예요.

잘 찾아봐요 우리.

그리고 생각해 보면 좋겠어요.

앞으로는 내가 일이랑 어떤 관계를 맺으면 좋을까?

일에 대한 주도권을 내가 가져오기로 해요.

어떤 관계의 모양이 떠오르시나요? : D

나의 주도성을 발휘하며 일하는 삶,
생각만 해도 멋지지 않나요? ^^

이제부터는 일에 끌려 다니는 것이 아니라,
일에 압도되어 나를 없애고 사는 것이 아니라,
내가 나의 일을 쥐락펴락 자유롭게 조정할 수 있는
힘을 만들어보면 좋겠어요.
이미 내가 그 힘을 갖고 있거든요. :)

> # 계획이 행동으로 안 이루어지는
> # 내가 답답해

[마음]

나는 사실 해야 하는 것도, 하고 싶은 것도 참 많아.
근데 하루는 금방 지나가. 뭔가 제대로 하지도 않았는데..
계획은 잔뜩 세워놨는데 막상 하고 있지 않은 나를 보면,
'왜 행동으로 안 이루어지지?'라고 생각하며 나를 답답해해!
근데 더 신경 쓰이는 건 옆에서 가족들이 이런 나를 한심하게 보는 거야. 자꾸 나한테 뭐를 했으면 좋겠다고 말해.
나는 그게 간섭이고 구속으로 느껴져.
그래서 그런 말을 들을 때마다 내가 원래 하려던 것도 하기가 싫어져 버려. 내가 원하는 건 '관심'이지 '간섭'이 아니거든.

내가 원하는 것도 나의 미래를 위해 하루를 알차게 보내는 거라고! 근데 마음과는 달리 아침만 되면 더 자고 싶은 마음에 자꾸 늦잠을 자게 돼.
그렇게 늦게 일어나면 원래 아침에 세웠던 계획도 못 지키고….
거기다가 가족의 간섭도 이어지고. 또 스트레스 받고.
그러다 밤이 되면 내일은 꼭 계획했던 걸 해야지! 다짐하지만,
밤늦게 잠들어서 그런가? 늘 잠이 부족한 느낌이야.
이런 악순환이 꽤 오래 지속되고 있어.

점점 더 내가 세웠던 계획으로부터 멀어지는 모습이 되어가고 있어. 그게 마음에도 안 들고.
나도 잘하고 싶다고! 쓸모없는 사람이 되고 싶지 않다고….
스스로 뿌듯한 사람, 내 자신에게 인정받는 사람이 되고 싶어.
어디서부터 시작해야 할까?

[수다]

저런… 그랬군요.

나 스스로가 나를 봤을 때 괜찮은 사람.
뿌듯한 사람. 만족스런 사람이 되고 싶은 마음이 느껴져요.
그 누구보다도 내가 잘되길 바라는 사람,
그 누구도 아닌 바로 나 자신이겠죠! :)

이미 내가 잘되길 바라는 마음을 알아주고 있는 것 같아
멋지다는 생각도 들었답니다.

누구나 그런 것 같아요.
누군가가 (특히 가까운 사람이) 나를 인정 안 하는 것 같고.
나를 의심하는 것 같고.
나를 한심하게 보는 것 같다고 느껴지면
참 불편해지는 마음.

'왜 나를 그런 식으로 보지?'
'아무리 내가 하찮은 행동을 했다고 할지라도!!'

'적어도 나를 아낀다는 사람들은
그렇게 보면 안 되는 거 아닌가?'
라는 생각이 들죠.

응원과 지지를 보내주길 바라는 사람들이
나에게 더 상처를 줄 때.
참 마음이 아프죠.

아무리 나를 위해서 하는 말이라고 할지라도.
결론적으로는 나에게 상처와 부담이 되기 때문에.
그런 형태의 말과 관심은 '멈춰 달라고'
'분명하게' 요청하면 좋겠어요.

나 혼자 속으로 삭이지 말고.
명확하게 나는
'당신의 그런 눈빛, 말, 의사 표현이 부담스럽다. 불편하다.
나에게 도움이 되지 않는다'고.

정확하게 전달하면 좋겠어요.

그렇게 일단 나를 지켰으면 좋겠어요.

말하지 않으면 모르거든요.
정확하게 전달하지 않으면 상대방은 절대 모르더라고요.

그래서 일단 그들은
내 마음을 모른다고 가정해 보아요.
그리고 정확하게 내 마음을 알려주면 좋겠어요.

자, 그 다음엔 어떻게 하면 좋을까요? 함께 생각해 봐요.
내가 원하는 게 뭔지,
하고 싶은 건 뭔지.
나 스스로 알고 있다고 말했잖아요?

그렇게 말한, 그렇게 생각한 이유가 분명 있단 말이에요.

다시 한번 점검해 보면 좋겠어요.

"내가 어떤 걸 원하는지?"
"그 의미는 무엇인지?"
"나는 어떠한 환경에서 어떠한 방식으로
그것을 하면 좋겠는지?"

나만의 작업 세팅을 생각해 보면 좋겠어요.
매우 구체적으로.

요즘 유행하는 미라클 모닝이
모든 사람에게 필요한 건 아니라고 생각해요.

나에게 맞는 최적의 시간을 나에게 맞게 설계해 보면 좋겠어요.

새벽에 일어나야 부지런한 것이라고 보는
'다른 사람들'의 시각은 '그들의 것'이죠.

나는 '나'만의 시각으로,
'나'만의 방법으로
'나'의 길을 가면 좋겠어요.

늦게 자고 늦게 일어나는 패턴이 나에게 맞는다면
그렇게 하면서도 내가 하고자 하는 역할을 다한다면
누가 뭐라고 할 자격이 있을까요?

저는 그렇게 생각한답니다.

우리!
남을 따라가지 말고
나에게 맞는 방식으로
한 걸음씩 가보아요.

내가 원하는 방식을 나에게 선사해 줄 때
내 마음은 자연스럽게 내가 할 일을 할 거예요

그 누구의 간섭도 침범도 없는 상태에서
내 마음이 원하는 방식을 시도해 보는 것.

그 시도를 통해
내가 어떤 사람인지
어떻게 일하기를 원하는 사람인지

탐구해 보는 시간에 집중해 보신다면
점점 더 자연스럽게
내가 원하는 길로
나만의 방식으로 나아가지 않을까
생각이 듭니다. ^^

우리 조금 더,
내 안의 목소리에 집중해 보기로 해요.

남들이 하는 거
남들이 하라는 목소리에
나의 시선과 에너지를 쓰는 일은
점점 줄여 나가보기로 해요 :)

결정을 내리지 못하는 내가 싫어

[마음]

회사가 너무 싫어. 다니기 싫다는 생각은 수없이 했지.
사실 퇴사할까? 이 고민은 수만 번 한 것 같아.
정말로 퇴사해야겠다! 결심한 지도 꽤 됐고.
그런데 아직도 그대로 다니고 있어.
결정을 내리지 못하는 거지(결정 장애가 아닌가? 고민도 됨).
요즘 퇴사가 트렌드인가 싶을 정도로 다른 사람들을 보면 시원시원하게 퇴사하고 나와 버리던데, 왜 난 못 하는 거지?
내가 돈 때문에 퇴사를 못하는 건가? 싶어서 슬펐어.
내가 현실에 안주하려는 건가? 내 자신이 못나 보이기도 했고.
막상 여기를 나가면 더 나은 곳을 갈 수 있을까?
막막해서 이도 저도 못하는 나도 싫고.
그러면서 점점 나태해지는 나를 발견해.
회사 일도 대충대충. 남들 눈에 보이는 일만 열심히 하는 척.
예전 같으면 금방 해 놨을 일을 몇 달째 미루고 있고.
이렇게 일하다 보면 결국 나도 무능력한 사람이 되고 마는 건 아닐까? 나도 잘난 사람이 되고 싶은데….
내가 퇴사하고 싶다고 생각이 들 때는 내가 이 회사에서 전혀 중요한 사람이 아니라는 느낌이 들 때야.

지금 내가 하는 일은 누구나 대체 가능하겠구나…
하찮은 일이라고 여겨지는구나.
나도 더 중요한 일을 하고 싶고, 발전하고 싶어.
그런데 왜 나는 내 자리에서 한 발자국도 벗어나지 않을까?
이런 나 너무 맘에 들지 않아.

[수다]

내가 이 회사에서 하찮은 사람이 아닐까?
중요한 사람이 아니지 않을까?
라는 느낌을 받는다면
정말 좌절할 것 같아요. ㅠㅠ

내가 그런 느낌을 받았다면, 분명 그런 사인(sign)이 있었겠죠?
그런 환경에서 있어야 하는 내가 너무 무력했을 것 같아요
나는 나름대로 열심히 일해 왔는데 말이죠!

그래서 당연히 여길 그만두고 싶다는 생각이
천 번도 더 들 것 같아요.
충분히 그럴 것 같아요.

한편으로는
그럼에도 불구하고 0년이나 이 고민을 갖고 왔다는 건
결정을 못하는 나, 이외에도
더 강한 내가 자리 잡고 있는 것 아닐까? 생각이 들어요.

이런 무력감을 느끼면서도,
이렇게 무거운 고민을 짊어지고 있으면서도
나는 여기서 버티고 있고, 이 상태를 유지하고 있는 힘,
그 힘이 내 안에 분명히 있다고 생각해요.

그리고 그렇게 버텨온 나에게
참으로 고맙다는 말,
수고했다는 말을 해 주면 참 좋을 것 같아요.
나는 나의 상황을 굉장히 '현실적'으로,
그리고 '장기적'인 시점에서 바라본 거잖아요?

당장 여길 나가서 뾰족한 대안이 없을 거라고 판단되었고,
그래서 확실한 대안이 있을 때까지
결정을 '보류'하기로 '판단'한 거잖아요?

그럼 그럴만한 근거가 충분히 있을 거라고 생각해요.

내가 너무나 힘들지만!
그럼에도 불구하고 이곳에 아직은 있어야 하는 이유.
있을 만한 이유가.

그 이유가 남아 있기 때문에,
그리고 나 스스로 그 이유가 납득이 되기 때문에
나는 아직 이곳에 있는 것 아닐까요?

그리고 내가 남아있을 이유가 사라졌을 때.
이곳에서 미련 없이 훨훨 날아,
나에게 필요한 곳으로 나를 데려다 줄 수 있지 않을까요?
정말 그럼 좋겠어요. 그리고 그럴 수 있는 힘이 있다고 믿어요!

그렇다면 지금 당장은 내가 힘들지만
이곳에서 얻어갈 수 있는 것을 '최대한' 얻어 가면 좋겠어요.

내가 힘들기만 했던 곳으로 기억하지 않을 수 있게끔
내 스스로가 나의 쓸모 '있음'을 나 스스로 확인하고!
이곳과 정리하면 좋겠어요.
회사가 나를 하찮게 본다고 해서
내가 하찮은 사람이라는 공식은 성립되지 않아요.

나의 쓸모 있음은 내가 스스로 만들 수 있어요.
내가 충분히 쓸모 있는 사람이라는,
참으로 소중한 사람이라는
그 사실을 잠시 잊고 있는 것 같은 나에게.

내가 이곳에서 어떤 역할과 책임을 다하고 있다고.
지금까지 나는 이곳에서 그런 일을 하는 사람이었고,
이곳을 나가기 전까지
나의 역할과 책임을 다하고 나오자고.

그러면서 나의 다음 길을 잘 찾아보자고.
내가 기꺼이 이곳을 떠날 수 있을 만큼
나에게 안정감을 줄 수 있는,

나의 강점을 발휘할 수 있는 그 길을
나의 '신중성(모두가 갖고 있진 않은!)'이라는 강점을 살려서
함께 찾아보면 좋겠어요.

지금은 내가
내 안의 빛나는 포인트를 잠시 잊은 것뿐이라고 생각해요.
본래의 내가 반짝반짝 빛날 수 있는 그 모습을
생생하게 그려 보면 좋겠습니다. :)

상사가 상사 역할을 못해서 화가 나

[마음]

직장에서 자주 부딪혀야 하는 사람들이
도대체가 도움을 안 주는 사람들이야. 사나워 죽겠어!
특히 우리 직속 상사. 상사가 자기 역할을 잘 못해.
자기는 지시만 하는 사람이라고 생각하나 봐.
우리 팀원끼리는
"저 사람은 우리 팀 같지가 않아" 이런 말을 할 정도라니까.

뻔히 우리가 일 많아서 허덕이는 중인 걸 알면서도
계속해서 일을 던져줘.
그리고는 "아직도 안 끝났어요?" 확인하고 재촉만 하고.

직접적인 도움까지는 아니더라도,
우리 상황을 조금이라도 이해하려는 상사를 원해.
방해만 하는 상사는 차라리 없는 게 낫지 않을까? 싶어.

일이 많은데 또 일이 주어지다 보니
야근을 해서라도 마무리를 해야 하는 상황인데 자꾸 퇴근하래!

야근하면 윗분들이 싫어한다고. -_-
그럼 내 입장에서는 계속해서 일이 밀리게 되고….
내가 일을 하겠다고 해도 하지 못하게 하고,
도대체 나보고 어쩌라는 걸까?
이러다 보니 계속해서 불만만 쌓여가고 짜증만 늘어.
잠을 자도 잔 것 같지도 않고. 어쩌지?

[수다]

내 입장에서는 일을 잘 해내고 싶은데,
마무리를 해놓고 퇴근하고 싶은데,
내가 자발적으로 야근을 해서 업무를 처리하겠다는데
누가 막는다면
(특히 그런 나의 사정을 알아주었으면 하는 상사가)
참 화날 일일 것 같아요.

내가 내 몸 상해가면서
내 일을 책임지고 마무리를 하겠다는데
이런 나의 상황을 알아주진 않을망정
방해한다고 느껴지는 상사의 언행.
참 문제 있어 보여요. ㅠㅠ

상사라는 직책은
자신과 함께하는 구성원들이 어떤 상황에 처해 있는지
그 상황을 조성하는 역할까지도 포함하는 자리인데 말이에요.

적어도 그 상황에서 구성원들이 '성장'까지는 안 바라더라도
(육성까지 해 주면 금상첨화겠지만!)
구성원들이 일을 해나갈 수 있도록
최소한의 가이드는 제공해야 하는
책임을 가진 자리라고 생각해요.

그런 게 우리가 기대하는 '리더'의 모습 아닐까요?
그런데 그런 역할과 책임을 다하지 않는 상사를
상사로 모셔야 한다면.
참 답답하고 화날 것 같아요.

자, 그럼 이 상황에서 나는 어떻게 해야 할까요?

함께 머리를 굴려 봐요.

일단 지금의 상사를 없애버릴 수는 없단 말이죠?
내가 팀을 옮길 수도 없다고 가정해 볼게요.
(옮길 수 있었다면 이런 고민을 하지 않았겠죠. ㅜㅜ)

그럼 나는 이런 불친절한 상황에서
어떻게 나에게 맡겨진 일을 해낼 수가 있을까요?

지금 당장 시도가 필요한 행동은
문제의 주요 인물인 상사와 마주서서
정확하게 소통하는 것이라고 생각해요.

이런 힘든 상황을 조성한 상사의 책임을 묻는 자리이기보다는
이런 힘든 상황에서 힘들다고 징징대는 자리이기보다는

이 상황을 '정확하게' 펼쳐 놓고
어떤 상황인지를 객관적으로 '함께' 보는 거예요.

상사의 입장에서도 이 상황을 한번 제대로 보고
나의 입장에서도 이 상황을 다시 한번 제대로 보는 것.

이 과정에서 내가 미처 못 봤던 상황을 찾을 수도 있고
상사도 미처 못 봤던 상황을 알게 될 수 있을 거예요.

내 입장에서는
이 상황이 말도 안 된다고 불만을 가질 수 있지만

그 불만을 나 혼자만, 혹은 팀원들끼리만 갖고 있으면
그 불만은 그냥 불만으로 끝날 테니까요.

불만이 불만으로 끝나지 않게.

불만이 표상하는 진짜 '문제'가 무엇인지를
이 상황의 책임을 상당 부분 맡고 있는 상사를 포함해서
가능하다면 팀원들과 다 같이 모여

현재의 문제,
그리고 문제가 일어나게 된 근본 원인을
정확하게 규명해 보는 시간을 가지면 좋을 것 같아요.

대충 둘러서 힘들다고만 말하면
이 상황에서 진짜 문제가 무엇인지
파헤쳐보는 시간을 절대로 가질 수 없잖아요?

오히려 상사 입장에서는 내가 징징거리는 사람이라는 인식이
쌓이고 있을지도 모르는 거죠. 더 억울하고 화나는 일이죠!

문제를 규명해 보지 않는다면
문제의 근본적인 해결책은 만들어질 기회조차 없다는 것.

그리고 이건 내가 바라는 상황이 아닐 것이라고 생각해요.

매우 열은 받지만!

이런 상황을 해결할 힘도 바닥이 난 나지만.

결국 내가 이곳에서
문제를 해결해 나가고 싶은 내 마음이 아직 있으니까

이 일도 이성적으로 풀어나가 보는 시도를 해 본다면
이 상황에서도 나의 성장을 만들어 볼 수 있는
기회가 될 것 같습니다. ^^

내가 시도했던 방법이 효과가 없다면
과감하게 다른 행동을 시도해 보는 것이

결국엔 나에게도 맘에 드는 결과를
가져다 줄 거라 믿어요. :)

이것밖에 안 되는 나, 용납이 안 돼

[마음]

요즘 내 속에서 나에게 화가 많이 나고 있나 봐.
못하면 자책하고 무기력감에 빠지기가 일쑤고.
근데 문제는 이런 순간이 참 자주 느껴진다는 거야.

자기 검열이라고 하더라고?
내가 나를 강박적으로 체크하고 감시하는 것.
언젠가부터 나는 나 자신을 평가하고 채찍질하는 게
습관이 되어버린 것만 같아.
잘하고 있나? 완벽하게 해냈나?
부족한 건 없나?

그렇게 매 순간 나를 감시해서 일을 더 잘하면 좋을 텐데.
그렇지도 않다는 게 더 문제야!
나는 나의 부족함을 볼 때 도대체가 용납이 안 돼!
'왜 그것밖에 못했어?'라고 나를 혼내.
그런 내가 쉬고 있거나 할 일을 미루고 있으면
내가 더 한심해 보여.

네가 그러니까 이 모양 이 꼴이지.
넌 왜 그렇게 게으르니? 남들처럼 열심히 좀 해 봐!
그렇게 해서 네가 원하는 삶을 살 수 있겠어?
이렇게 나를 혼내.

이렇게 나를 닦달하는 나, 괜찮을까?

[수다]

사실 우리는 참 열심히 살고 있다고 생각해요.
그런데 열심히 사는 사람일수록
더 열심히 살아야 한다고
자신에게 말하는 사람이 참 많아요.

더 열심히 해야 해!
게으른 건 용납할 수 없어!
게으른 건 죄야!
게으른 나는 죄인이야….

이렇게 내가 정말로 게으른 사람이면 어떡하지?
게으른 사람이 되어 버리면 어떡하지?
라는 두려움이 올라오면
나 자신에 대해 수치심을 느끼고
죄의식을 느끼는 사람들.

게으름 = 나쁜 것 = 위험!
이렇게 지각하는
내 안의 나에게 나는 어느새
동조하고 있어요.

게으름은 죄가 맞다고.
게으른 나. 더 열심히 안 하는 나는 지금
너무나 큰 죄를 짓고 있는 거라고.
그래서 우리가 생각하는 '당위적인 모습'에 부합하지 않는다면
지금 나에게 맡겨진 요구에 충실하지 않는다고 느끼고
한없이 부족함을 느끼는 우리….

그런데 말이죠.
다른 한편으로는
'이렇게는 더 이상 살고 싶지 않아!'
'너무 불편해! 죄의식을 달고 사는 것도 너무 싫어!'

이런 목소리가 들리진 않나요?

사실 우리 안에는
이렇게 엄격하게
우리가 쾌락과 편안함을 추구하는 것을
억제시키는 목소리 말고도

다른 측면의 내가 다양하게 존재해요.

아주 원초적인
신체적인 욕구 만족을 추구하는 존재도 있고요.

합리적으로 생각하는 나도 존재해요.

열정적으로 이상적인 나를 그리는 나도 존재하고요.

그런데 이렇게 다양한
우리 내면의 존재들의 목소리는
조그맣게(거의 off) 해 놓으면서
우리를 죄인이라고 말하는 존재의 목소리만
크-게 틀어 놓고 들으며 살아가는 상황이라면…
계속 이렇게 살아가야 한다면…

나는 괜찮을까요?
아니, 꼭 그렇게 살아야만 할까요?

다른 삶의 방법은 없을까요?

나를 편안하게 조금 더 행복하게 만들어 주는 방법,
함께 찾아보면 좋지 않을까 생각이 들어요.

저는 우선 내 안의 다양한 목소리를 들어보고
그 목소리들을 함께 키워봤으면 좋겠어요.

나한테 혼내는 목소리가 시도 때도 없이 나오면
"좀 조용히 하렴!"
이라고 말할 수도 있었으면 좋겠어요.

나, 지금 잘하고 있는 측면도 있다고~
충분히 잘하고 노력해서 이뤄낸 부분도 있다고!

못한 부분만 보면서 채찍질하는 존재랑
당당하게 맞서보는 연습을 시작해 보면 좋겠어요.

혼나기만 하는 나는 너무 불쌍하지 않나요?
계속해서 혼나기만 하는 내가 과연 무언가를
잘해낼 힘을 키울 여력이 있을까요?
나에 대해
자동적으로 비난하는 목소리의 볼륨을
잠시 줄여 보는 연습을
시작하면 좋겠어요.

그리고 조금 더 균형적으로
여러 가지 목소리들을
찬찬히 들어보는 연습을 시작하면 좋겠어요.

나를 있는 그대로,
균형적으로 바라보는 연습을 해 본다면

지금처럼 죄의식에 사로잡혀
나를 혼내는 모습보다는

한결 더 편안한 나,
한결 더 건강한 나를

만날 수 있을 테니까요. :)

나는 약해 빠진 내가 싫어

[마음]

사람들은 내가 굉장히 똑 부러지고 강인한 사람이라고 생각해.
내가 지금까지 그런 이미지를 연출한 거지.
언젠가부터 내 속에서는
나는 강해야 해! 강한 사람으로 보여야 해!라는 생각이
나를 지배해왔던 것 같아.
약한 것 = 나쁜 것 = 못난 것, 이런 공식이 내 안에 있거든.

그런데 나이를 먹을수록, 일을 하면 할수록,
나약한 내가 너무 많이 보여서 맘에 안 들어.
물론 나 혼자 있을 때만 자주 보이는 거지.
그럼 나는 그런 내가 너무 싫어.
약해지지 마! 약한 건 나쁜 거야! 그러면서 나한테 화를 내.

그래서 계속해서 나는 어떻게 하면 약한 나를 없앨 수 있을까? 고민해.
혼자 답을 찾기가 어려워서
누구에게 도움을 받아야 하나? 생각하다가도
도움을 받는다는 건
또 내가 약한 사람이라는 걸 반증하는 것 같아 주저하게 돼.

나 스스로 다 잘 이겨내는 모습을 보여주고 싶은데
이 마음 또한 터무니없는 욕심인 걸까?
이런 나 어떻게 해야 하는 걸까?

[수다]

"도움을 받고 싶을 때 도움을 청하는 건
나약한 사람이나 하는 거 아냐?"
라는 생각을 하는 사람이 우리 주변엔 참 많아요.

약한 사람만 도움을 받는 거라는 오해.
우리는 그런 말을 많이 듣고 자라온 것 같아요.

강해져야 한다!
강한 것이 좋은 거다!
강하지 않으면 만만하게 본다! 라는
사회의 메시지….

그런 말을 많이 듣고 자라온 나는
어느 순간부터 그 말이 진실이구나,

내 세계에서 하나의 진실로 만들어 놓게 되기도 해요.

그런데 그 말이 정말 진실일까요?
강한 것만 좋은 것일까요?

왜 약한 것은 인정할 수 없는 걸까요?
왜 약한 모습은 보이면 안 되는 걸까요?
약한 것이 정말 그렇게 나쁜 걸까요?

우리 함께 생각해 봤으면 좋겠어요.
강한 것 VS 약한 것 두 가지로 나누어서
어느 한쪽이 좋다, 옳다라는 생각부터
조금 다르게 보면 어떨까요?

사실 강한 것과 약한 것 사이에는 수많은 상태가 있잖아요?

두 가지로 나누어진 상태가 아니라
하나의 스펙트럼이라는 것.

강함과 약함 둘로 나누어 생각하는 것보다
강함이나 약함으로 표상되는 '나의 마음 상태'에 관심을 갖고
주의를 기울여보는 건 어떨까요?

나는 강해! 나는 약해! 등등으로 표현되는
나의 마음에 대해서 궁금증을 갖고 주의를 기울여보는 거예요.

나는 나를 '어떻게' '어떤 존재로' 바라보고 있길래
나를 강하다/약하다로 둘로 나누어 인식할까요?
강함과 약함이 중요해진 나만의 이유가 분명 있을 거예요.

약하다는 건,
강하다는 건,
나에게 어떤 '의미'일까요?
어떻게 '정의'하고 있을까요?

우선 그 마음부터 탐구해 보면 좋을 것 같아요.
무섭진 않았을까요?

강하지 않으면 안 돼!
약한 모습은 보이면 안 돼!
무력하거나 좌절된 마음도 있지 않았을까요?

그런 나를 알아줄 여유도 없이
지금까지 이렇게 강한 모습을 만들면서 달려온 나,

그래서 세상 사람들에게는 강한 이미지를 구축해 놓은
그런 나를 보면
지금 어떤 마음이 드시나요?

대견한 마음도 있을 것 같고
한편으로는 안쓰러운 마음도 있을지 몰라요.
내 안엔 어떤 마음들이 있을까요?

그런데 이렇게 살아온 내가
나를 바라보면 자꾸 화가 난다고 말하잖아요?
그럼 우리 이제는 조금 다른 방법이 필요할 것 같아요.

지금처럼 계속 간다면
나는 나에게 계속해서 화를 낼 것이고
나는 그런 나의 상태가 마음에 들지 않는다고 했으니까요.

나에게 어떤 방법으로 말해 주면
내가 마음에 들까요?
내가 약해 보여서 마음에 안 들고 화가 날 때 말이에요.
사실 이 상황이 다른 사람의 상황이라고 생각해 보면
나에게 했던 말과는 전혀 다른 말이 나올 수도 있어요.

내가 아끼는 누군가가
자기 자신에게 자꾸 강해지라고 다그친다면?
어떤 말을 해주고 싶으신가요?

어떤 말을 해준다면
그 사람의 마음이 편안해질 수 있을까요?

그 말을 나에게도 한번 해 본다면 어떨까요?
그 말을 듣는 나는 어떻게 반응할까요?

그 반응을 찬찬히 살펴보는 연습을 시작해 보면 좋을 것 같아요.
안 하던 행동을 하는 건 처음에는 어렵지만
조그마한 습관 하나를 추가하는 것과 같이
나는 곧 적응하고 학습하게 된다는 걸
그렇게 될 나를 믿어주면서!

그리고 한 가지 더.
도움이 필요할 때 자신에게 꼭 맞는 도움을 찾아내는 것,
그리고 그 도움을 요청하고
내 것으로 만드는 것.
이것도 하나의 능력이에요.
'도움 추구 행동'
특히 일이라는 것은 내가 모든 걸 다 할 수가 없잖아요.
함께 일해서 성과를 내는 것이 어느 정도는 필요하니까요.

조직에 속해 있다면 조직에서도 제공해야 할 자원이 있고
조직의 의무가 있죠.
그런데 내가 가만히 있으면
나에게 친절하게 자원을 나눠주진 않을 거예요.

물질적인 자원뿐만 아니라
심리적인 자원도 매우 중요해요.

현재 나에게 도움이 필요하다고 느낀다면
나에게 도움을 줄 수 있는 '사람'을 적극적으로 찾아서
도움을 요청할 줄 아는 내가 되어 보는 건 어떨까요?

나에게 필요한 걸 적극적으로 찾아
나에게 주는 나.
그런 연습을 하는 내가 '약한 나한테 화내는 나'보다
훨씬 더 효과적인 결과를 만들 수 있다고 생각해요.

어떻게 도움을 요청하고,
내가 필요한 자원을 이끌어 낼 것인가?
에 대한 전략도 만들어 보고
시도해 보는 연습을 꼭 해 보시길
추천 드리고 싶습니다.

꼭 일터에서 뿐만 아니라, 가까운 사람들에게도요.
그런 우리가 된다면 참 좋겠습니다. ♡

저자 소개 1, 2

박정민

COZY SUDA 대표

이화여자대학교 대학원 심리학과에서 상담심리학 전공으로 박사 학위를 받았다. 한국청소년상담원(현 한국청소년상담복지개발원) 선임상담원, 이화여자대학교 학생상담센터 상담원, ㈜다산E&E의 EAP 팀장, ㈜피플인싸이트그룹의 EAP 팀장, ㈜리더스인싸이트그룹의 Development 담당 상무를 역임하였고, 현재 COZY SUDA라는 1인 기업 대표로 재직 중이다. 다양한 조직의 임원 및 중간관리자, 구성원을 대상으로 Smart Leadership & Followership 개발을 조력하는 Coach, 역량을 평가하는 Assessor, 건강한 마음관리를 하는 Counselor로 활발히 활동하고 있다.

Homepage www.cozysuda.com
Email monica@cozysuda.com

[저서]

코칭 여행자를 위한 안내서(지식과감성, 2015)

오해하지 말아주세요(박영스토리, 2014)

남자의 공간(21세기북스, 2013)

멘붕 탈출! 스트레스 관리(학지사, 2013)

[역서]

일의 심리학(박영스토리, 2018)

밀레니얼 세대가 일터에서 원하는 것(박영스토리, 2017)

나의 일을 의미있게 만드는 방법(박영스토리, 2016)

일터에서 의미찾기(박영스토리, 2015)

역량기반 평가기법(지식과감성, 2015)

스트레스 없는 풍요로운 삶(시그마프레스, 2013)

상사를 관리하라(랜덤하우스, 2011)

Y세대의 코칭 전략(시그마북스, 2010)

중간관리자의 성과코칭전략(이너북스, 2009)

심리치료의 거장(학지사, 2008)

이 혜 진
ITSELFCOMPANY 대표

브리티시컬럼비아 대학교에서 심리학을 전공하고, 이화여자대학교 대학원 심리학과에서 상담심리학 전공으로 석사 학위를 받았다. ㈜리더스인싸이트그룹의 Development 담당 HR컨설턴트, ㈜엔다인아이엔씨의 컨설팅 사업부 책임컨설턴트를 역임하였고, 2017년부터는 일하는 어른들의 '마음관리'와 '역량개발'을 잇는 부부기업 잇셀프컴퍼니의 공동 대표로 재직하고 있다. 한국상담심리학회 상담심리사이자 한국코칭심리학회 정회원이며, 현재 조직구성원의 자기관리를 돕기 위해, 심리학 이론을 활용한 프로젝트와 워크숍을 기획·운영·관리하는 성장 플랫폼을 만들어가고 있다. 2017년 『The Psychology of Positivity and Strengths-Based Approaches at Work』의 공동저자로 참여한 바 있고, 2019년 『일터에서의 긍정심리학 활용을 위한 조직적 접근법』의 역자로도 참여하였다.

Homepage https://itselfcompany.imweb.me
Blog blog.naver.com/hyetink
Email itselfcompany@gmail.com